U0923139

追梦筑梦

——改革开放40年的朝阳律师

北京市朝阳区律师协会　编

人民交通出版社股份有限公司
北京

内 容 提 要

本书为纪念中国律师制度恢复重建40周年进行编写，全书共包括9章内容，从律师党建、推动立法、重要项目、重要事件、重要案件、社会公益、律师事务所与律师故事等多方面系统展现了朝阳区律师行业40年的发展历程、取得的成绩以及对改革开放作出的贡献等内容。

本书可供律师协会、律师事务所等阅读参考。

图书在版编目（CIP）数据

追梦筑梦：改革开放 40 年的朝阳律师 / 北京市朝阳区律师协会编 . —北京：人民交通出版社股份有限公司，2021.5

ISBN 978-7-114-16901-4

Ⅰ . ①追… Ⅱ . ①北… Ⅲ . ①律师业务—朝阳区 Ⅳ . ① D926.5

中国版本图书馆 CIP 数据核字（2020）第 200894 号

Zhuimeng Zhumeng——Gaige Kaifang 40 Nian de Chaoyang lüshi

书　　名：追梦筑梦——改革开放40年的朝阳律师
著 作 者：北京市朝阳区律师协会
责任编辑：姚　旭　杨丽改
责任校对：孙国靖　扈　婕
责任印制：张　凯
出版发行：人民交通出版社股份有限公司
地　　址：（100011）北京市朝阳区安定门外外馆斜街3号
网　　址：http://www.ccpcl.com.cn
销售电话：（010）59757973
总 经 销：人民交通出版社股份有限公司发行部
经　　销：各地新华书店
印　　刷：北京印匠彩色印刷有限公司
开　　本：889 × 1194　1/12
印　　张：21
字　　数：242千
版　　次：2021年5月　第1版
印　　次：2021年5月　第1次印刷
书　　号：ISBN 978-7-114-16901-4
定　　价：168.00元
（有印刷、装订质量问题的图书由本公司负责调换）

我配合万欣副会长，做好工作。他指到哪儿，我就打到哪儿。其余副会长分管的工作，我也是这个想法。在其位、谋其职、负其责、用其心、尽其力。比如党建工作，蔡春雷副会长负责，春雷就要做出彩。每位副会长分管的工作，都要出效果、出成绩，为打造朝阳律师品牌贡献最大的力量。

这次活动，涉及各个委员会、业务研究会，务必全力以赴，无条件在万欣副会长的协调、指导、指挥下，开展工作，充分体现朝阳律师精神：有礼遇，相互尊重；有协作，相互成就；有专业，相互竞争；有担当，相互促进。

三、展览内容和形式

就此问题，我个人认为应该做到如下九个方面，提出来，供各位参考。

1.普及性

通过什么样的方式，让朝阳律师比较便捷地了解、参观，能够便于传播。除了现场展览以外，能否有一个网上展览，同时通过公众号进行分期、分内容地推送展览。

2.影响性

什么样的内容具有影响力，能让朝阳律师品牌有一个广泛的影响，为打造朝阳律师品牌添砖加瓦。内容为王，内容决定展览的成败。

3.政治性

应该有党建主题，应该体现朝阳律师的社会责任，体现朝阳律师的公益责任。

4.专业性

这毕竟是一个律师展览，确实需要体现一些专业、体现一些生动的、有利于国计民生的专业发展、专业事件，体现律师职业的价值、体现对法治建设的意义。

5.人文性

要有真情实感，有历史的传说和人文的传承。比如，每一个展品，可以编辑一个故事，通过某种形式散播出去，然后汇编成书。

6.参与性

采取一种什么样的方式，一种什么样的措施，让更多的朝阳律师、更多的朝阳区律师事务所体现在展览中，人人参与、人人贡献、人人展示。

7.带入性

在展览形式方面，应该多种多样，包括图片、视频、文字、实物等，让观展者身临其境，沉入其中，有欣赏、有感动、有反思。

8.传承性

今天，筹备组很荣幸地请到魏局来谈谈对展览的看法。魏局谈到的“责任、使命、担当——中国律师在朝阳”，讲得非常好。魏局讲一些律师人物年纪很大了，需要做一些抢救工作。“抢救”一词，用得非常形象、生动，体现了我们的责任和使命。只有有了传承，才能够迭代创新。

9.时代性

时代性也是当代性。我们今年面临这么多的大事，需要在展览中体现。我们都是时代的奋斗者，都是时代的开创者，这应该是展览的一个最重要的方面。

对于这次展览，筹备活动过程、展览本身、展览结束，都有宣传点，都要找好宣传点。这个宣传点，要体现朝阳律师“法治先锋、行业典范、中国形象”的内涵。

这个工程，就是一个“牛鼻子”，涵括了朝阳律师方方面面的工作内容。为此，我们要做到“六有”：有理念、有组织、有党建统领、有标准、有宣传、有影响、有标识。

我相信，我们一定能够将这次展览做好，为打造朝阳律师品牌贡献一份心力。

谢谢各位！拜托各位！

中共北京市朝阳区律师行业党委副书记
北 京 市 朝 阳 区 律 师 协 会 会 长 **杨光**

2019年2月

致我们永不落幕的青春

——“追梦筑梦　奋进40年”律师展筹备汇报

此文为万欣副会长于2019年12月3日“追梦筑梦　奋进40年——朝阳律师回顾律师制度恢复40年展”开幕式上的汇报发言。

尊敬的各位领导、各位嘉宾上午好：

我们刚刚迈过伟大改革开放40周年，迎来了新中国成立70周年的伟大庆典，又恰逢1979年律师制度恢复重建的40周年，可谓喜事连连。1979年12月19日，司法部发出《有关律师工作的通知》，开启了中国特色社会主义律师制度发展的新阶段。40年的栉风沐雨，我国律师事业从无到有、从小变大、从弱到强，取得了历史性成就，为改革开放作出了巨大的贡献。朝阳律师占据北京律师的半壁江山，朝阳律师的发展路径具有一定的代表性。“明镜所以照形，古事所以知今”。在如此重要的关键节点上，有必要对朝阳律师40年发展路径做一个系统的回顾。经过行业党委、会长会批准，“逐梦筑梦　奋进40年——朝阳律师回顾律师制度恢复40年展”于2018年12月28日正式立项启动，经过1年的筹备，于今天正式开展，我非常荣幸代表所有筹备人员向大家汇报筹备工作。

一、为了力争全景地展现朝阳律师风采，本次主题展览分为九大板块

1. 行业发展、党建先行

首先感谢秘书处、李华副会长、邬锦梅、曹晓静负责为这一板块的编纂工作。强化党建引领是促进律师队伍健康成长的根本，是保持与时俱进的良好品质，是为推进朝阳律师事业发展和加强律师队伍建设提供坚强的政治保证和强有力的政治支撑。

2. 勤勉尽责、推动立法

熊智副会长带领邢战涛、王子昌负责这一板块的工作，向我们介绍40年来朝阳律师积极参与制订、修订了多部法律、法规。立法作为最高层次的法律活动，其影响深远，朝阳律师们为法治政府、法治社会、法治国家的建设作出了积极贡献。

3.与时俱进、成就辉煌

朝阳律师始终紧跟时代变化与发展需求，凭借着过硬的专业实力和高度的敬业精神，在金融与资本市场、跨境法律服务、知识产权、建设工程与基础设施等重要业务领域，打造出具有重大意义、有较大影响性的项目。感谢张永良副会长带领郑玮、钱学凯、姜金姬、纪超一、王博、戴金花、李文奇为这一板块工作所作出的努力。

4.热心公益、勇于奉献

朝阳律师恪守公益之心，开展值班、调解、普法宣传、村居法律顾问、法律援助等形式众多、切实服务群众的公益活动，赢得了社会各界人士的认可和称赞，为法治社会建设增添一抹亮色。在此，感谢蔡春雷副会长、杜云峰、张亚梅、秦巍、逄伟平在这一篇章中作出的贡献。

5.扎根沃土、蓬勃发展

北京律师行业的发展在全国处于领军地位，而朝阳区的律师事务所更是律师行业排头兵之一。邢冬梅副会长带领秦丽萍、李彦馨、冯晓蜜编纂的律师事务所故事板块以律师事务所发展与经济发展的同步关系为主线，伊始于律师制度恢复，以邓小平南方谈话、中国加入WTO为主要节点， 全画幅地展现了朝阳区律师事务所发展壮大的精美画卷。

6.匠心履职、不辱使命

这个版块主要反映朝阳律师代理的一大批社会影响力大、备受社会关注的经典案例。刘晓明副会长带领江波、吴宗龙、王慧婕、苗宇、岳运生、闫鹏和、何竹兰、陈波负责编纂的这一板块为勾勒出朝阳律师体现法律精神、传承法律智慧、推动法治进步的动人画卷。

7.回首过去、展望未来

一批曾经意气风发的青年律师们，如今都已是行业前辈。他们的前进历程代表了朝阳律师的奋斗足迹，朝阳律师早已成为中国律师队伍中最亮的星。孙为副会长、焦景收、朱志彤、张丽华、姚华、延林、郭雪、吴志强、郑晔、张明君、王浩然他们走访并采访了27位律师，我们通过他们的故事来铭记40年朝阳律师的奋斗史。

8.服务大局、彰显担当

多年来，律师参与社会发展的维度不断延伸，朝阳律师始终以国家发展的感召为己任，在2022冬奥会筹办、“一带一路”倡议响应、雄安新区建设、“马航MH370”事件等重要事件中均有朝阳律师的身影。这个版块由王正志副会长携孙敬泽、陈聪、姚丽波、李学辉、徐静静、赵峥、郭松阳、杨威、傅鹏博、穆云鹏、韩润生、张钵负责编纂。

9.牢记使命、绿树成荫

马江涛副会长带领郭敏、易轶负责这一板块内容，为我们展现朝阳律师锐意创新、追求卓越，主动融入改革开放大潮，以党建为引领，沿着“规模化、专业化、信息化、国际化”的事业发展道路，凝心聚力、奋勇向前。包括举办朝阳青年律师发展论坛、新律师授袍仪式等，注重青年律师、涉外法律人才的培养，以及规划朝阳律师的未来发展，提升律师行业管理水平，促进律师行业健康发展。

二、众人拾柴火焰高

不久前，展览内容基本准备完备后，展览公司的张总跟我们说，这么巨大的工程，也就你们朝阳区律师协会敢干。现在回想项目启动的时候，还真是没想到这项工作如此艰巨。本次展览专设筹备组，由我与李超峰、毛亚斌、韩骁、李屏统筹、协调筹备工作。将近一年时间里，我们召开7次全体筹备会，每个版块都在副会长率领下开过无数次的小会，所有近百名筹备组成员以及在背后默默贡献力量的律师团队积极发动、多次向全行业征集，利用每次到律所走访调研的机会进行宣讲动员。不仅如此，我们还考虑到很多历史材料搜集非常困难，专门到北京市档案馆和朝阳区档案馆走访、调阅相关档案。最终搜集上来40年期间数以千计的素材，并逐一进行筛选、总结，对每一个素材背后的典型意义和先进性进行提炼，最终才有了今天展出的内容。我们每一位成员不计名利、不计得失，有的自掏腰包外请专业人士搜集整理，有的带病参加会议，不少副会长在百忙中亲自对数以百计的素材逐一审核、审阅，无不体现出大家对律师这个行业的热爱，这完全是真爱！每一个不曾起舞的日子都是对生命的辜负，我想我们筹备组的每一位都没有辜负这一年多的时光。在此，我向各位辛勤奉献的筹备组成员鞠一躬，表示谢意！

三、感谢

在展览过程中，司法局党委和律师行业党委高度重视，并给予了强有力的支持；杨光会长在第一次全体会议中就指出“朝阳律师展览内容和形式要具备‘九性’，即普及性、影响性、政治性、专业性、人文性、参与性、带入性、传承性、时代性；做到‘六有’：有理念、有组织、有党建统领、有标准、有影响、有标识。”为律师展工作指明了方向。刘素红秘书长非常关心支持律师展，率领秘书处全力以赴给予各种支持。入展的各律师事务所、各位律师都大力支持，无条件签署授权承诺书，将其著作权全部授权给协会。更令人感动的是像高宗泽、张学兵、高子程、李大进等前辈律师、协会领导为我们提供了巨大的支持与配合。在方方面面的支持与鼓励下，我们戮力同心，砥砺前行，于国家宪法日前、在律师制度恢复重建的40周年的日子里，朝阳区律师协会主题展览得以顺利开展。

40岁对于一个人来讲，还是青年；40年对于一个行业来讲，更是青年，我们谨以此展献给我们律师行业永不落幕的青春！祝朝阳律师永葆青春！

中共北京市朝阳区律师行业党委委员
北京市朝阳区律师协会副会长 **万欣**
2019年12月

开篇语

2019年，是我国律师制度恢复重建40周年。40年来，北京市朝阳区律师行业伴随着改革开放的步伐，在北京市朝阳区委、区政府的关怀下，在区司法局和北京市律师协会的监督、指导下，取得了显著成就。北京市朝阳区律师行业发展规模位居国内前列，律师执业能力达到国内领先水平，为整个行业健康发展注入了持续性动力；一代代朝阳律师在服务国家重大战略、助力经济社会发展、推动民主法治建设等方面发挥了积极作用，成为法治中国首善之区的一支重要力量，也为区域经济发展和社会稳定作出了卓越贡献，在中国律师行业发展过程中书写下浓墨重彩的一笔。

40年砥砺奋进，40年春华秋实。北京市朝阳律师行业以“五个坚持”为导向，持续推动行业健康发展。朝阳律师和律师事务所的发展经历，都与时代发展紧密相连。一个个经典案例和感人故事，都是朝阳律师行业践行改革开放的精彩缩影。为充分展示朝阳律师的良好形象和贡献作用，有效提升朝阳律师的社会影响力和美誉度，朝阳区律师协会推出“追梦筑梦　奋进40年——朝阳律师回顾律师制度恢复40年”主题展览和《追梦筑梦——改革开放40年的朝阳律师》纪念画册，以点带面，深度解读朝阳律师行业40年来的锐意进取之路。

朝陽律師
CHAOYANG LAWYERS

CONTENTS

朝陽律師
CHAOYANG LAWYERS
追梦筑梦　奋进 40 年
朝阳律师回顾律师制度恢复 40 年展

第一部分

行业发展　党建先行

朝阳律师党建工作

强化党建引领是促进律师队伍健康成长的根本。朝阳律师行业委员会及广大朝阳律师和律师事务所坚决贯彻中央全面从严治党的部署，从政治和全局的高度着眼，立足行业实际，秉承“创先争优跟党走、服务社会做贡献”的工作理念，多措并举，认认真真抓党建，实实在在抓落实，形成了“146”党建工作路径，为推进朝阳律师事业发展和加强律师队伍建设提供了坚强的政治保证，为打造“法治先锋集群”奠定了坚实基础。

导言

目前，朝阳区律师行业党委设书记1人、副书记1人、委员11人，下属律师事务所党委7个、党总支部18个、独立党支部207个、联合党支部91个（其中律师事务所党委、党总支部下属联合党支部25个，律师事务所联合党支部66个）。全行业共有党员8092名，其中律师党员5512名。同时，按照“以大带小”“以强带弱”，有利于发挥党支部战斗堡垒作用和党员先锋模范作用、有利于人才培养、有利于开展党员教育管理服务活动的原则，优化调整联合党支部91个，覆盖310家律师事务所中的461名党员，有效破解了党建工作在律师行业的全覆盖难题，有效提升了基层党建水平，有效推动了党员队伍锻炼，有效保障了律师事务所健康发展。创新建立“党建工作联络员”工作机制，实现定向联络357个无党员律师事务所，消除了工作“空白点”，实现了党组织和工作全覆盖。

法治建设　朝阳先行

践行行业使命　打造行业标杆

法治先锋　行业典范　中国形象

领导关怀

2008年1月，中共北京市朝阳区律师委员会成立，2011年7月更名为中共北京市朝阳区律师协会委员会。2018年4月，更名为中共北京市朝阳区律师行业委员会（以下简称“朝阳律师委员会”）。

自朝阳律师委员会成立以来，始终坚持以组织建设为抓手，实现组织、工作双覆盖；坚持以制度建设为保障，提升党建规范化管理水平；坚持以活动开展为载体，增强党委凝聚力和号召力；坚持以统战工作为抓手，深入推进多元化党建；坚持以作用发挥为支撑，创建服务型党组织。

司法部部长傅政华调研朝阳律师委员会党建工作

司法部部长傅政华调研朝阳律师委员会党建工作

中央组织部组织二局副局长姚远一行赴北京济和律师事务所联合党支部调研党建工作

市委常委、组织部部长魏小东调研朝阳区律师委员会党建工作

北京市司法局党委书记苗林调研朝阳区律师委员会党建工作

北京市委常委、统战部部长齐静到朝阳调研律师委员会党建工作

北京市委政法委副书记萧有茂一行到朝阳区律师协会调研律师委员会党建工作

北京市司法局二级调研员、北京市律师行业党委书记王群到朝阳区律师协会委员会调研律师管理工作

朝阳区委常委、政法委书记张维刚同志到朝阳律协调研律师委员会党建工作

朝阳区委书记王灏一行到朝阳律协调研律师行业党建工作

朝阳区委常委、组织部部长迟行刚一行调研朝阳区律师委员会党建工作

2008 年

2008 年 1 月 7 日，朝阳区律师委员会党委正式成立。党委成立之初即围绕“ 摸清底数，健全组织，开展活动，发挥作用”和“巩固成果、夯实基础、加强培训、增加凝聚”的工作思路，抓好基层律师事务所党组织建设工作，不断加强和改进律师事务所党的建设工作。在服务朝阳区政府决策、服务奥运、服务朝阳法治建设中发挥了重大作用。

中共北京市朝阳区律师委员会成立大会

●朝阳区律师党委支部书记培训

●创办《朝阳律师》杂志

●朝阳律师党员交纳特殊党费，支持汶川灾区建设

● 2008 年北京奥运会期间，朝阳区律师委员会党委组织 13 家律师事务所深入 6 个奥运场馆所在地周边，为拆迁、环境整治等提供志愿服务

2009 年

在“学习实践科学发展观”活动中，朝阳区律师委员会党委坚持结合律师业务、理论联系实际，服务党员为本、引领行业发展的理念，做到了党委有号召、党员有行动，支部有作用、律师有归属。

●时任朝阳区律师委员会党委副书记郝惠珍向关爱学校学生赠送书籍

●党委会研究部署深入学习实践科学发展观活动

●召开律师党员深入学习实践科学发展观座谈会

●组织第一期支部书记培训班，进行党务基层知识培训

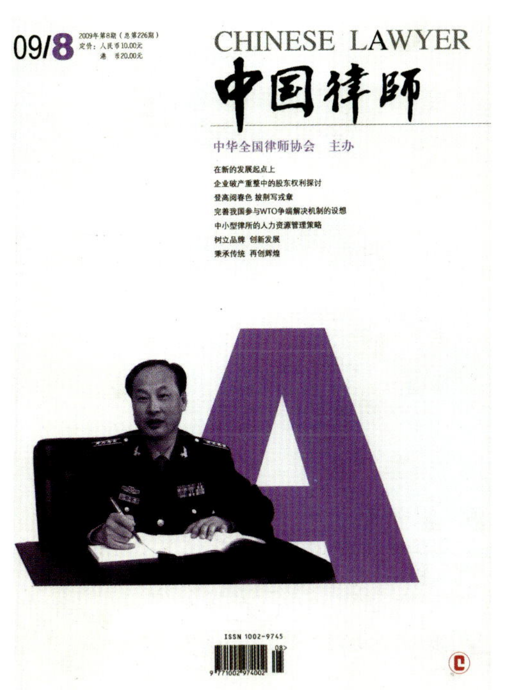

雄关漫道真如铁　而今迈步从头越

北京市朝阳区律师党建工作侧记

文·张　琳　本刊实习记者

2009年6月29日，北京市朝阳区律师党委隆重召开庆“七·一”总结表彰大会。会上，律师党委根据各律师事务所党支部民主评选和推荐，对6个“五好”党支部、30个先进党支部、20名党务工作者和170名优秀党员进行了表彰。这是朝阳区律师党委成立以来第二次召开“七·一”总结表彰大会，从会场的热烈气氛和党员们的先进事迹中不难发现，朝阳区律师党员的组织观念在……

……指导，在“摸清底数、健全组织、开展活动、发挥作用”和“巩固成果、夯实基础、加强培训、增强凝聚力”的工作思路指导下，采取有力措施，抓好工作落实，扎实推进朝阳律师党建工作，取得了显著成绩。2009年，朝阳区律师党委抓紧深入学习实践科学发展观活动的有利契机，通过多种形式，积极开展工作，实现了“分层管理、分类指导、网格覆盖”的工作目标。

审批程序，有25个党支部进行了支委改选。对不能单独成立党支部的律师事务所，按照“类型相近、地域相邻”的原则，组建了4个联合党支部，覆盖了122个律师事务所和288名党员。针对党员流动性大而带来的管理难、发展难、预备党员转正难等问题，成立了党委直属党支部。为解决联合党支部因所属单位不同、办公地点分散、人员生疏，业务工作繁忙等造成活动开展不理想的问题，成立地区党支部。同时，与没有党员的律师事务所建立联系。目前，朝阳区已有律师事务所党支部102个，实现了组织和工作全覆盖。

三、开展活动。从2008年2月开始，朝阳区律师党委贯彻“小范围、高频率、多领域、广覆盖”的活动方针，根据律师业务特点和实际需要，开展各项学习活动。

一方面组织学习《党章》，唤醒党员意识。从今年2月27日–3月27日，朝阳区律师党委举办了三期党支部书记培训班、五期联合党支部的党员培训班，共培训党支部书记85名，党员96名。

在培训班上，党委重点组织参加培训人员学习了《党章》中“党员”和“党的基层组织”等章节，同时布置工作，提出要求。经过学习，很多党员感慨道：“多少年都没有感受过这样的氛围了，没有参加这样的正规学习了。这样的培训不仅让我们受到了党的教育，明确了新时期党员的责任和义务，更重要的是使我们又有了归属感，体验到了组织的关心和爱护。”律师党委还为各支部购买了新《党章》，要求各党支部组织党员学习。

另一方面通过组织活动，唤醒党员的组织意识。培训班上，律师党委对各支部书记提出要求，要求各党支部在6月底前最少要开展一次组织活动，活动内容、形式、范围不限，尽可能多地吸引律师参加，扩大影响、增强凝聚力。各党支部都按照律师党委的要求，组织学习了《党章》，并根据自己的实际情况开展了形式多样的组织活动。北斗鼎铭所党支部建立了党员公示栏，照片上墙，接受当事人的监督和挑选；岳成所党支部制作了文化长廊，开辟了支部生活园地；共和所党支部组织了“迎‘七·一’，众志成城党旗红”的主题活动等。

各党支部在开展活动中，紧密结合律师特点，采取了一些新的活动方式，不少支部以电话会议、电子邮件的形式在网络上组织了《党章》的学习和讨论；朝阳区律师党委第二联合党支部率先开办电子信箱作为工作平台，发布通知、组织学习。利用这个平台，经常不断地和律师们沟通，刊登文摘、发布节日祝语，使党员随时感受到党组织的存在。通过上述活动，增强了党委的号召力、党支部的凝聚力。有的律师说：“以前我们和党组织处于一种游离状态，现在党组织的活动唤醒了我们的组织意识，使我们有了重新找到‘家’的感觉。”

四、发挥作用。通过一年多的教育和开展活动，大部分党员强化了组织观念，唤醒了革命激情，以更积极的心态投入到服务社会中去。2008年南方遭受雪灾，兰台、华伦、易和、世泽、弘嘉、高博隆华等多家律师事务所踊跃参与为雪灾捐款活动，累计捐款达15万余元。去年5月12日汶川县发生8级地震后，各律师事务所党支部、共产党员以及广大律师向灾区共捐款500余万元，缴纳特殊党费45万余元。律师党委在加强组织建设的同时，积极为律师党员搭建平台，展示风采。一是组建了政府顾问团，参与区领导信访接待工作。两年来，顾问团共为各级政府提供法律论证100余次，参与区领导信访接待273次；二是组建了朝阳区律师党员公益法律服务志愿团，已有近200名党员律师报名参加，专门为社会弱势群体提供法律援助，半年来共办理法律援助案件1348件，比去年同期增长48.6%；三是推进了律师进社区，55家律师事务所已经进入朝阳区的43个街、乡的482个社区。实现了每个街、乡至少与一家律师事务所签订法律服务协议；每个社区要建立一个法律服务工作室；每个社区的居民有法律需求都能够找到律师。13家律师事务所深入6个奥运场馆所在地周边，通过参与拆迁、环境整治，为维护地区稳定，保障奥运场馆建设的顺利进行做出了积极贡献。四是组建了律师奥运法律志愿团，共有40家律师事务所的100余名律师报名参加。在“好运北京”测试赛期间，19名律师奥运志愿者投入到服务工作中，为国际女子沙滩排球赛等8项赛事提供志愿服务。五是组建了奥运法律服务应急队伍，这支应急队伍由政府顾问、社区服务、法援中心、信访接待、奥运律师志愿者5个层次的律师组成，并编制成名册发放到朝阳区各委、办、局、街、乡政府。现在这支队伍已经发挥了重要作用，律师的工作得到了朝阳区委和区政府的一致好评。

2008年朝阳区律师党委被朝阳区委评为“朝阳区先进基层党组织”，司法部吴爱英部长到朝阳区调研律师工作时，对朝阳区的律师党建工作给予了高度评价，她指出：“朝阳区律师党建提出的‘摸清底数、健全组织、开展活动、发挥作用’，既是思路，也是做法，很有说服力。做到

全国律师行业
党的建设工作座谈会
在京召开

●《中国律师》杂志报道朝阳区律师委员会党委党建工作

2010 年

为构建公共法律服务体系以及深化律师制度改革发展，2010 年，朝阳区律师协会作为全国最大的基层律师行业协会正式成立。

●朝阳区律师协会第一届律师代表大会律师代表合影

北京市朝阳区第一届律师代表大会正式召开

时任朝阳区司法局局长荣容向时任司法部法制司司长杜春、时任北京市司法局局长于泓源、时任朝阳区委政法委书记佟克克介绍朝阳区律协党建工作

●党建工作座谈会

●党员图书室

●司法部副部长赵大程考察朝阳律师党建工作

●举行新任党支部书记座谈会

2011 年

2011 年 7 月，中共北京市朝阳区律师委员会正式更名为“中共北京市朝阳区律师协会委员会”。朝阳区律师协会党委以“三个创新”为统领，开创党建工作新局面。

●朝阳律师资助见义勇为英雄，提升社会正能量

●朝阳区律师协会党委预备党员转正大会

朝阳区律师协会党委组织律师党员开展义务法律咨询活动

司法部副部长赵大程到朝阳区律师协会调研工作

司法部领导调研朝阳区律师行业党建工作

●重走长征路主题教育活动

2012 年

为贯彻落实党的十八大精神，根据党的建设主线的新丰富，2012 年，以党的十八大精神为指引，朝阳区律师协会委员会党委突出做好党组织在引领律师队伍建设方面发挥作用。

● 2012 年首届朝阳律师论坛

●"朝阳律师"培训计划起航

●朝阳区律师协会委员会党委赴嘉兴开展红色主题教育活动

●朝阳区律师协会委员会学习贯彻十八大精神座谈会

朝阳区委领导调研律师行业党建工作

青年律师辩论队表演赛上选手发言

市律师协会领导调研党建工作

●情系房山灾区人民奉献朝阳律师爱心捐款仪式上律师代表捐款

●入党积极分子培训

2013 年

继续深入开展党支部活动，积极进行党员服务群众方面的探索，发挥党员的模范带头作用，进一步深化党建工作，全面提高党员创先争优意识，更好地发挥党组织战斗堡垒作用和党员先锋模范作用。

●朝阳区律师协会委员会与北京仲裁委员会合作组织律师培训签约

●党员律师进社区

“我的律师梦与北京精神”主题演讲比赛暨首届朝阳区优秀青年律师表彰大会

“七一”总结表彰会

●律所党建之友代表获奖

●书记培训班开班动员

●召开朝阳区律师协会委员会党委扩大会，部署工作

●朝阳女律师“三八”庆祝活动

2014年

党的十八大以来，朝阳区律师协会委员会党委深入学习贯彻习近平总书记系列重要讲话精神和对北京市工作的重要指示。朝阳区律师协会委员会党委以律师行业党建工作为抓手，进一步增强律师行业的凝聚力和向心力。推动群众路线教育实践活动在律师行业向纵深开展，提升党员律师的党性意识。

●组织律师学习十八届四中全会精神

●观看“使发展成果更多更公平惠及全体人民——习近平总书记关于保障和改善民生的重要论述”

●朝阳区律师协会党委开展党的群众路线教育实践活动

●召开党支部书记培训班

●组织律师党员观看“群众路线是共产党人的传家宝”宣传片

各律师事务所党组织从落实党的制度着手，认真组织开展好党建活动，带领广大党员律师发挥更大作用，真正使党的基层组织在律师行业中生根发芽，成为抵御风险筑牢基础的战斗堡垒。

2014年，亚运村街道与亚运村地区党支部共同成立了“焦律师法律工作室”。该工作室由天江律师事务所、国振律师事务所、继来律师事务所、维京律师事务所、富程律师事务所5家律师事务所共计25名专业律师所组成，工作室依托亚运村律师联合党支部，以党支部多年从事公益法律服务的专业性和良好的社会声誉，深受办事处和社区群众青睐，律师行业党建与社区党建相结合的有效途径，是探索社区法律顾问制度一项重要创新性工作。

“七一”对优秀党员进行表彰

●朝阳区律师协会委员会党委组织参观中国古代官德文化展

●朝阳区政府法律顾问团交流座谈工作

●地区党支部进社区公益服务

●焦律师工作室

●午间 1 小时法律服务活动

●与地区签订法律公益服务协议

北京市朝陽區律師協會
朝阳律师足球队
参加第四届律师亚洲杯
出征仪式
朝陽律師
CHAOYANG LAWYERS

朝阳律师协会足球队
参加第四届
亚洲杯
朝陽律師

●组建足球队，征战亚洲杯

2015 年

以打造一支党性强、能力优、作风硬的律师党员队伍为目标，2015 年，朝阳区律师协会委员会党委加强党员教育和管理，不断提升基层律师党员综合素质水平，为律师队伍健康发展打下基础。

●时任朝阳区委副书记、政法委书记陈宏志调研律师党建工作

● 2015 年 6 月 29 日朝阳区律师协会委员会党委召开“七一”表彰会

●朝阳区律师协会委员会党委召开会议研究部署全年党建工作

●朝阳区律师协会委员会党委召开民主党派律师座谈会

●基层支部召开发展党员大会

●接收预备党员大会

●参观白洋淀雁翎队纪念馆

●重阳节老律师茶话会

●朝阳区律师篮球赛

●朝阳区律师羽毛球赛

●对入党积极分子进行培训授课

●各律师事务所党支部举办“我是党员”党员意识提升行动主题演讲活动

●举办庆“五四”青年律师座谈会

●入党积极分子培训——拓展训练

●举行“送法进军营”活动

●开展依法治国教育大会暨第三次律师事务所主任沙龙

2016 年

格物致知，身体力行。2016 年，在“两学一做”学习教育中，朝阳律师党员准确把握学习教育的基本要求，深入学、扎实做，不断以更高标准、更高要求、更高境界要求自己。

2016 年 3 月 11 日朝阳区律师协会委员会党委召开基层党建工作述职考核会

●朝阳区律师协会委员会党委召开党建工作会议

●区委组织部、律协党委深入律师事务所支部督导“两学一做”学习教育

●时任朝阳区委副书记、政法委书记陈涛同志到区律师协会委员会调研指导工作

●中共北京市京师律师事务所党总支召开“两学一做”学习教育大会

●时任朝阳区委组织部副部长唐行安调研朝阳律师党建工作

●朝阳律师授袍仪式圆满举行

●朝阳区委党校律师协会分校成立

●律师授袍仪式

●律师事务所支部开展学习讨论

●律师事务所支部组织党员律师开展党性教育

●举行党员集体宣誓活动

朝阳区律师协会党委“两学一做”学习教育

专　刊

（第 1 期）

2016 年 5 月 10 日

朝阳区律师协会党委集中学习“两学一做”有关精神

日前，朝阳区律师协会党委召开专题党委会，会上党委书记王远捷同志传达了朝阳区“两学一做”动员部署大会精神，特别是习近平总书记对开展“两学一做”学习教育做出的重要指示精神。并按照市律协党委通知要求，主持学习了《中国共产党廉洁自律准则》和《中国共产党纪律处分条例》。

开展“两学一做”学习教育，是落实党章关于加强党员教育管理要求、面向全体党员深化党内教育的重要实践，是推动党内教育从“关键少数”向广大党员拓展、从集中性教育向经

●朝阳区律师协会委员会党委开设“两学一做”学习教育专刊

●时任朝阳区律师协会委员会党委书记王远捷为老律师颁发聘书

●聘请专家讲党课

2017年

全面贯彻党中央关于律师工作的重要指示和决策部署，进一步加强律师协会建设，充分发挥好律师队伍在全面依法治国、依法行政中的重要作用。

●朝阳区委常委、政法委书记张维刚视察朝阳区律师协会委员会基层党建工作

●举办老律师学习十九大精神座谈会

●律师事务所党支部组织老党员讲党课活动

●朝阳区律师协会委员会召开学习十九大研讨会

●时任朝阳区律师协会委员会党委书记王远捷赴律师事务所党组织宣讲十九大精神

●组织律师党员集中收看十九大开幕式盛况

●市委组织部到朝阳区律师协会委员会调研党建工作

●朝阳区律师协会委员会组织第三次授袍仪式

● 2017 年 3 月 6 日王远捷局长参加律师协会委员会“两个中心”揭牌仪式

● 2017 年 8 月 11 日保定、朝阳区律师行业协作发展座谈会暨律师事务所主任沙龙上朝阳、保定签署合作协议

●朝阳律师协会委员会与延庆区司法局签订公益法律服务协议

●朝阳区律师协会委员会党委建立“党建联络员”制度

●朝阳区律师协会建设与发展研讨会

●律师职业道德讲堂

●朝阳区律师协会委员会党委会对半年工作进行总结

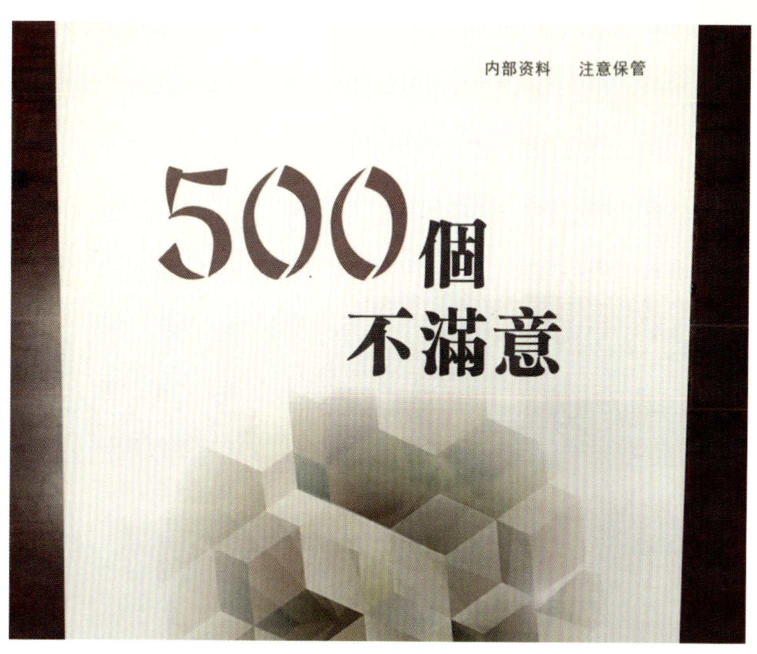

●规范律师执业行为，编纂《500 个不满意》

●朝阳区律师协会委员会在朝阳区人民法院设立“律师志愿者工作站”

2018 年

朝阳区律师协会委员会党委班子始终站在政治和全局的高度来认识和加强律师党建工作的重要意义，大力加强律师思想政治建设、职业道德建设和行业文化建设，不断完善律师管理体制机制建设，着力提高工作标准化、制度化和规范化水平，取得了明显成效。

2015年7月朝阳区委提出构建“一轴四网”区域化党建体系，并将其确定为推动基层党建总抓手后，朝阳区律师协会委员会党委按照区委的要求，加大研究探索力度，形成了“146”党建工作思路，找到了具有朝阳区特色的律师行业党建工作方法路径。

“146”具体指：

1个集群：法治先锋集群；

4大体系：行业全覆盖的组织体系、党政社联动的工作体系、团站岗结合的服务体系、人财物配套的保障体系；

6大工程：政治思想引导工程、基层党组织规范化建设工程、党员意识提升工程、法律人才培育工程、智慧党建工程、法治清风工程。

●司法部部长傅政华到北京市京师律师事务所调研党建工作

●律师深入工地为建筑工人提供法律服务

●律师党员进社区

●律师参加宪法日普法宣传

●京师律师事务所党建活动室

●北京市两高律师事务所党建宣传墙

●律师事务所党支部刊物

●律师事务所党支部刊物

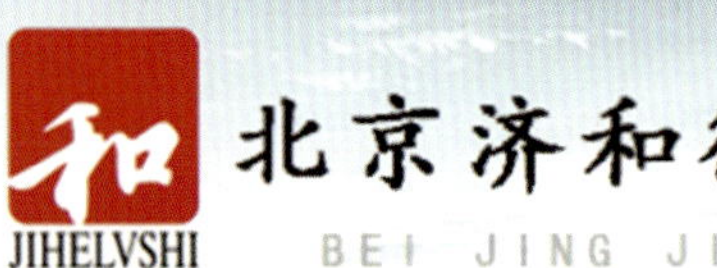

北京济和律师事务所

BEI JING JI HE LAW FIRM

济和首页　关于济和　业务领域　济和动态　团队成员　党员之家　招聘启示　联系我们

重要通知：　搜索类别　请输入关键词　搜索

维护法律 正义

保障公民 权利

济和律师事务所欢迎您

Welcome！

党员之家

- 支部现状

支部现有党员14名，入党积极分子1名，提交思想汇报的2名。其余的律师和非律师也多为党员，因为工作原因，党组织关系暂未转至本支部，但党员活动一直积极参加，支部的力量强大。

- 支部成立

2013年8月14日，北京济和律师事务所做出《关于成立北京济和律师事务所党支部的请示》；

2013年8月30日，中共北京济和律师事务所支部委员会批准成立；

2013年9月24日召开党支部成立大会，张峥副会长、刘素红副秘书长参加了成立大会，并发表了重要讲话。

● 济和律师事务所党员之家

北京市朝阳区律师协会
BEIJING CHAOYANG LAWYERS ASSOCIATION
移动端
搜索
会员平台
首页
关于我们
新闻与活动
律师党建
职能类委员会
研究类委员会
会员风采
联系我们
践行行业使命 打造行业标杆
了解更多
擅长业务
执业年限
所在律所
关键字
查找律师

●朝阳区律师协会网站

2019年

不忘初心　牢记使命

朝阳区律师行业委员会党委按照中央、北京市、朝阳区精神和区司法局开展主题教育工作方案的部署和安排，在制定印发《朝阳区律师行业委员会党组织开展“不忘初心、牢记使命”主题教育工作方案》的基础上，结合本区律师行业特点，对标“守初心、担使命、找差距、抓落实”的总目标，坚持“三个明确　三个到位　三个强化”的工作原则，认真研究、统筹部署、精心组织，稳步推进主题教育。全区各律师事务所党组织积极贯彻落实工作要求，本着“统筹兼顾、合理安排”的原则做好“三坚持”，即：坚持把开展主题教育作为推动律师行业发展的有利契机；坚持处理好开展主题教育与做好律师业务的关系；坚持使主题教育的成效体现到行业发展上，并取得显著成效。

守初心、担使命、找差距、抓落实

三个明确　三个到位　三个强化

不忘初心　牢记使命

不忘初心　牢记使命

不忘初心 牢记使命

不忘初心　牢记使命

牢记使命”主题教育活动

京师党员律师依法规范执业
承诺书
京师律师执业与推广承诺书

书记讲党课

京师律所"不忘初心，牢记使命"
主题教育

不忘初心　牢记使命

不忘初心 牢记使命

不忘初心 牢记使命

不忘初心 牢记使命

不忘初心 牢记使命

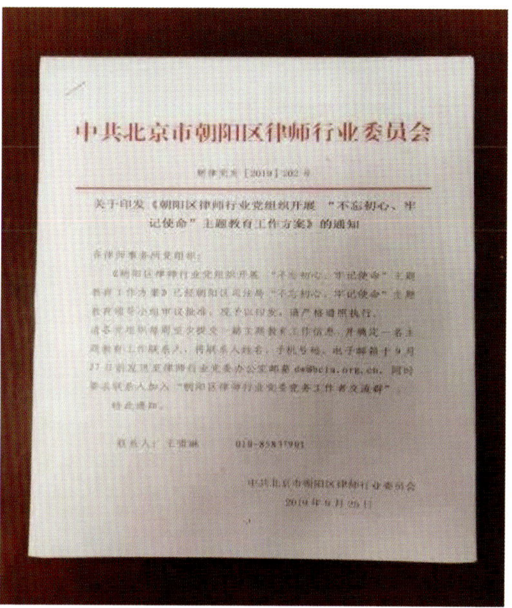

中共北京市朝阳区律师行业委员会

关于印发《朝阳区律师行业党组织开展“不忘初心、牢记使命”主题教育工作方案》的通知

[illegible]

特此通知。

联系人： 010-85817901

中共北京市朝阳区律师行业委员会

2019年9月25日

不忘初心　牢记使命

市海勤律师事务所党支部

朝陽律協

居民议事厅

"浩天信和·公益有我"
北京市法律援助志愿服务计划
启动仪式
"不忘初心 牢记使命"主题教育活动

汉良 洽 视界

不忘初心 牢记使命

观礼台上的朝阳律师

在庆祝中华人民共和国成立70周年庆祝大会现场，10万人认真聆听了习近平总书记的重要讲话，观看了气势磅礴的阅兵仪式和群众游行。三军亮剑、钢铁横流，威武霸气、装备精良，波澜壮阔、国强民富——70年艰苦奋斗成就祖国的繁荣昌盛，国泰民安，朝阳律师们的自豪感油然而生，也激起了广大律师干事创业的满腔豪情，不忘初心，牢记使命，为国家、为民族、为社会、为法治而努力奋斗。多位朝阳律师的优秀代表被邀请至观礼台观礼。

群众游行队伍中的朝阳律师

在庆祝中华人民共和国成立 70 周年庆祝大会的现场，女民兵、从严治党和中华儿女方阵等中都有来自朝阳区的优秀律师代表。

他们不畏惧热辣的骄阳，从不吝惜自己的力量，在训练和演习场尽情挥洒汗水；他们把走过天安门当作一次没有上诉机会的庭审，把每一次训练演习当成庭前模拟。优秀的朝阳律师们用脚步丈量、用汗水浇灌、用热情浸染，绘就浓墨重彩的乐章。

他们昂首阔步走过天安门，接受党和国家领导人的检阅，接受全国人民的检阅。他们说：“踏上长安街的那一刻，热泪盈眶！亲身参与这场盛会无上荣光！为你骄傲，我的祖国！作为法律人，我们定将不忘初心、牢记使命，誓为法治献忠诚，誓为祖国献芳华！”

第二部分

勤勉尽责 推动立法

朝阳律师参与重要立法

律师作为依法治国的一支重要力量，在参政议政、立法领域具有不可替代的作用。近年来，朝阳律师主动适应改革开放和社会发展的新形势、新要求，充分发挥职能作用，以坚定的政治智慧、缜密的辩证思维先后参与多部法律、法规的制订、修订工作；提出议案、提案等内容涵盖各个领域，为促进法治政府建设，提高依法行政水平建言献策；为实现立法的科学化、民主化和公正化作出了积极贡献。

从1979年《中华人民共和国刑事诉讼法》规定可以委托律师辩护，到1980年“审判四人帮”成立18人律师辩护小组，到1996年《中华人民共和国律师法》首次颁布，再到2001年、2007年、2012年、2017年《中华人民共和国律师法》四次修订，我国律师制度恢复40年间，经历了以上这些重要时点。

导言

改革开放40年，也是我国经济社会迅猛发展的40年。40年来，朝阳律师的职能作用日益显现。他们以精湛的业务水平和丰富的办案经验为当事人提供了高质量的法律服务，为维护法律正确实施、捍卫国家权利作出了积极贡献。这期间，一大批影响力巨大、彰显律师公正形象、备受社会关注的经典案例涌现出来，勾勒出朝阳律师体现法律精神、传承法律智慧、推动法治进步的动人画卷。

高子程　律师

北京市律师行业党委副书记

北京市律师协会会长

北京市中创律师事务所律师

2013年后，我国部分省（自治区、直辖市）地方税务局对律师行业的征税方式进行彻底调整，即将律所原来所采用的核定征税的方式一律改为查账征税。2019年“两会”期间，高子程律师建议修改《中华人民共和国税收征管法》第35、37条的有关内容，在其中增加“对不宜查账征税的法律服务行业，可以选择适用核定征税”的规定。

2019年“两会”期间，高子程律师还提出关于修订《中华人民共和国行政强制法》第44条，为及时制止正在进行中的违法建设提供法律依据的议案，并建议在《中华人民共和国行政强制法》第44条新增一款：“对正在施工中的违法建筑物、构筑物、设施等，应当责令当事人停止建设或限期拆除；当事人不停止建设或者逾期不拆除的，建设工程所在地县级以上地方人民政府可以责成有关部门直接强制拆除。”

李大进 律师

北京天达共和律师事务所主任

2019年3月4日下午，习近平总书记看望政协委员（与李大进委员亲切握手），并参加联组会听取委员发言。

李大进委员特别关注生态文明建设与绿色发展，以及司法改革，“两会”前深入、积极沟通并参加两会相关提案调研、研讨。

充分准备之后，李大进委员根据调研基础提出关于生态文明的4个提案：

（1）关于明确环境民事公益诉讼引入惩罚性赔偿的建议；

（2）关于社会组织可以开展食品药品领域公益诉讼的建议；

（3）关于加强对利用网络传播残害、捕杀野生动物行为的处罚力度，建立对相关影视作品审查的建议；

（4）关于在南中国海开展珊瑚种植修复的建议。

刘红宇 律师

北京金城同达律师事务所创始合伙人

2003年，刘红宇律师当选第十二届北京市人大代表。在任期内，她先后提出了重新确定儿童免费乘车身高标准、关于治理二道沟污染问题等30多个议案。

2004年，刘红宇律师向北京市人民代表大会提出了重新确定儿童免费乘车身高标准的议案。2006年6月1日，北京市所有公交车开始采用新的儿童免费乘车线高度标准，实行了多年的1.1米线调整为1.2米。

2006年初，刘红宇律师向北京市人民代表大会提出了治理二道沟污染问题的议案。2006年9月，“臭名昭著”的北京二道沟污染河段治理工程如期开工，从刘红宇律师提出相关议案算起，只用了数月时间。

熊智　律师

北京市朝阳区律师协会副会长

北京市北斗鼎铭律师事务所主任

2011年10月，熊智律师做客人民网，并发表题为对《中华人民共和国刑事诉讼法修正案（草案）的建议》——结合当前司法生态施论的文章。

2015年，《中华人民共和国刑法修正案(九)草案》二审稿中拟增加扰乱法庭秩序罪适用条款，并将泄露案件信息行为入罪，这在当时的律师行业引起了极大的关注。作为北京朝阳区律师协会的副会长，熊智律师代表北京朝阳区律师协会针对《中华人民共和国刑法修正案(九)草案》起草了向全国人大常委提交的《提请全国人大保障执业律师的法庭豁免权》建议书，这也是地方律师协会第一次就全国性立法独立发声，并获得全国人大常委会相应调整。

2018年11月3日，熊智律师在《中国经济周刊》发表名为《法律应鼓励公交车乘客必要时实施无限度防卫》的时评文章，其中对公交驾乘人员的规范建议及对危害公共安全者严惩并建议放宽正当防卫的尺度等意见，在2019年1月8日最高人民法院、最高人民检察院、公安部联合发出的《关于依法惩治妨害公共交通工具安全驾驶违法犯罪行为的指导意见》中得到充分体现。

2019年5月，熊智律师还受邀参加中国工程院重点课题“法医科学与社会治理法治化战略研究”。

2019年9月4日，熊智律师受邀参加最高人民法院“进一步推进农村道路交通事故执行工作”课题调研座谈会。提出农村交通道路主体责任制、农村道路修建初始救济基金提留制度、农村道路自治方案、农村道路交通事故指定医院救治原则、非机动车号牌登记保险全覆盖等建议。

除此以外，熊智律师还多次受邀参加全国人大常委、九三中央组织的司法改革调研和司法改革后司法效能的调研工作。提出提高招聘制书记员待遇，规范其管理预防新的司法风险发生。

万欣　律师

北京市朝阳区律师协会副会长

北京天霜律师事务所主任

全国优秀律师

2018年11月受北京市律师协会指派，万欣律师组织北京市律师协会医疗卫生专业委员会8名专业律师参加全国律师协会对《中华人民共和国疫苗管理法（征求意见稿）》的修改研讨会，并提出修改意见。

万欣等律师针对《中华人民共和国疫苗管理法（征求意见稿）》提出的修改建议完全采纳了3条，分别为：第23条、第38条、第86条；部分采纳了4条，分别为：第34条、第48条、第58条、第61条。特别是万欣律师建议增加对疫苗接种不良反应的鉴定机制，以及将“一次性补偿”改为“补偿”的建议得到了采纳，将更好地救济出现疫苗接种不良反应的患儿。

2019年6月29日，十三届全国人大常委会第十一次会议表决通过了《中华人民共和国疫苗管理法》，于2019年12月1日开始施行。

王正志　律师

北京市朝阳区律师协会副会长

北京高文律师事务所主任

2013年3月5日，王正志律师受邀作为起草组专家，直接参与了《中华人民共和国专利法》第四次修订。在此次修订中，王正志律师负责起草了《中华人民共和国专利法》第60~64条。国家知识产权局将专利法拆分为8个主题，每个专题配备2名起草人，唯有王正志律师负责的《专利行政保护》专题，仅确定他独立完成关于专利有关行政保护部分的修改以及对应实施细则。王正志律师在起草过程中一直坚持两个原则，一是设立地方部门，给予他们充分的权限；二是确立执法规范，加大对行政执法人员的监管。

武峰　律师

北京朗诚律师事务所主任

随着我国汽车产业的飞速发展，涉及乘用车销售前检查的纠纷案件正在逐年增多。但是由于现行法律法规空白和行业标准缺失，法院在认定PDI（Pre Delivery Inspection，出厂即检查）问题上缺乏统一认识标准。武峰律师接受中国汽车流通协会的邀请，对《乘用车新车售前检查服务指引（试行）（征求意见稿）》提出有关专家建议。

滥用行政权力排除、限制竞争行为及滥用市场支配地位行为作为《中华人民共和国反垄断法》规制的主要垄断行为，容易对市场公平竞争秩序造成严重影响。武峰律师作为中国汽车流通协会专家委员会的法律专家受汽车流通协会委托，代表该协会先后提出了《关于制止滥用行政权力排除、限制竞争行为的规定（征求意见稿）》《禁止滥用市场支配地位行为的规定（征求意见稿）》 的修订建议。

武峰律师应上海汽车销售行业协会之邀作为专家顾问提出了关于《家用汽车产品修理、更换、退货责任规定（修订草案征求意见稿）》《汽车销售服务管理规范（讨论稿第二稿）》《禁止垄断协议行为的规定（征求意见稿）》的专业建议。

韩骁　律师

北京市康达律师事务所律师

韩骁律师作为梁慧星教授的学生，除了参与《中华人民共和国民法总则》和《中华人民共和国民法典》的立法工作，还积极参加了公安部委托北京网络行业协会针对相关行业标准的制定工作，成为该起草小组的5名法律专家之一。

韩骁律师参与的重要立法包括：

（1）《中华人民共和国侵权责任法》第86条，该条规定了建筑物缺陷致人损害的无过错责任，进而教育、警戒、震慑建设单位与施工单位，强化其安全意识、法律意识，以确保建筑物符合国家强制安全标准。

（2）《中华人民共和国民法总则》第191条，该条规定了未成年人遭受性侵害的损害赔偿请求权的诉讼时效期间，自受害人年满18周岁之日起计算。该条款的设立可以在一定程度上对遭受性侵害的未成年人进行法律保护，为遭遇不公的未成年人保留行使正当权利的可能性。

陈波　律师

北京平商律师事务所主任

北京市平商律师事务所陈波律师受聘成为《中华人民共和国测绘法》修订专家委员会委员，并参与相关研讨会。

岳运生　律师

北京市岳成律师事务所主任

2006年，岳运生律师作为建设工程合同方面的专家，应邀参加了由北京市市政管理委员会与北京燃气集团主持的《北京市燃气管理条例》的草拟工作，就燃气的规格和使用方式等方面的规定提出了自己的看法和建议。

我国起草的《中华人民共和国反垄断法》，因为涉及国家长期保护的国有企业，立法过程十分艰难，前后酝酿了13年之久。岳运生律师协助中国石油化工集团有限公司，从我国的法律大环境和该法的立法背景出发，向人大提出了关于《中华人民共和国反垄断法（草案）》的立法建议。

2010年，岳运生律师参加由最高人民法院、环境保护部、民革中央联合组成的调研组，开展“水资源司法保护暨环境公益诉讼”专项调研，为深入了解我国水污染防治工作，加强水资源司法保护和水污染防治执法监督提出了相关建议和意见，取得了良好的效果。

2011年6月13—18日，岳运生律师参加了由全国政协副主席、民革中央常务副主席厉无畏率领的全国政协社法委、民革中央及最高人民法院组成的联合调研组，先后赴天津、陕西、四川就民事诉讼法修改问题开展专项调研。

北京大成律师事务所律师参与《中华人民共和国民法合同编草案》修改工作

全国人大常委会法制工作委员会民法室就《中华人民共和国民法合同编草案（2017年8月8日民法室室内稿）》（以下简称《民法合同编草案》）向中华全国律师协会征求意见，中华全国律师协会安排北京大成律师事务所完成对《民法合同编草案》第16章“租赁合同”部分的修改任务。

经过“逐条分解+书面意见+现场讨论+汇总整理”的工作方式，以北京大成律师事务所律师为主，征求了法官、学者、外所律师等相关意见，形成关于《民法合同编草案》章节的最终书面修改意见并附参与律师名单，按时提交中华全国律师协会专委会，圆满完成立法修法任务。

参与律师名单（共16人）

梁兰芝、马江涛、王宇、高美丽、徐宕、崔桂台、蒋欢、林立成、张昕蕾、刘纾含、杨福荣、高英、吴立北、程若苗、陈晓霞、赵一平。

北京市中伦文德律师事务所朱登凯律师应邀参加“反不正当竞争法修订研讨会”

2017年9月20日，由中国社会科学院法学研究所、中国法学会网络与信息法学研究会主办，《网络信息法学研究》编辑部、对外经济贸易大学竞争法中心协办的“第7次网络与信息法治圆桌会议暨反不正当竞争法修订研讨会”于中国社会科学院法学研究所举行，邀请了来自全国人大常委会、政府部门、法院、学界、实务届和企业的代表参与。

主题发言与讨论中，北京市中伦文德律师事务所高级合伙人朱登凯律师将《中华人民共和国刑法》中关于行贿和受贿的规定与二审中关于商业贿赂的规定进行细致比对，结合“贿赂”行为的规制逻辑，提出将“交易相对方工作人员等主体不得受贿”纳入《中华人民共和国反不正当竞争法》规定当中；配套立法中应当明确商业贿赂的起罚点，使《中华人民共和国反不正当竞争法》与《中华人民共和国刑法》衔接更紧密。朱登凯律师同时提出，互联网行业竞争情势和手段变化迅速，依靠列举手段恐难以规制互联网不正当竞争行为，因此建议将二审中的互联网行业专项条款改为原则性条款，并由国家工商总局会同工业和信息化部等互联网行业相关部门，完善《中华人民共和国反不正当竞争法》的配套立法。

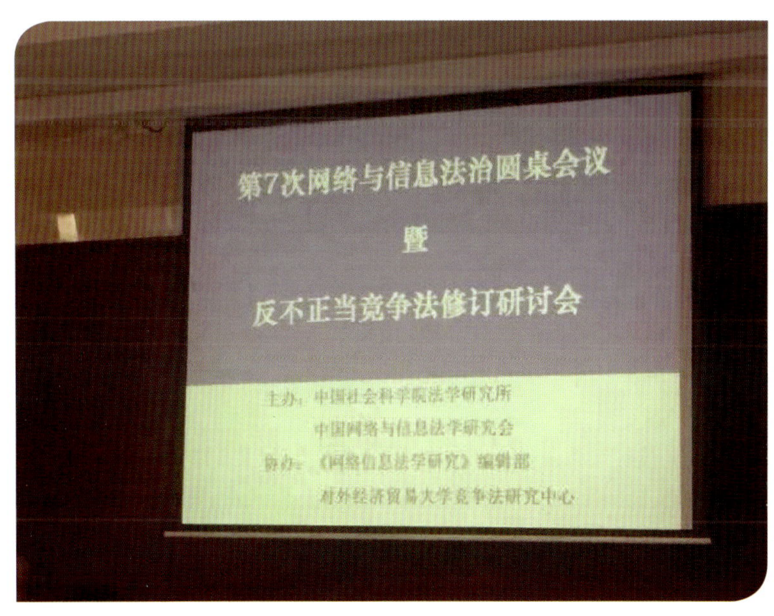

北京市隆安律师事务所创始人徐家力律师主持“商标修法‘遏制抢注’研讨会”

2018年11月9日上午，北京科技大学知识产权研究中心举办了“商标修法‘遏制抢注’研讨会”。会议由北京科技大学知识产权研究中心主任、博士生导师、北京市隆安律师事务所创始人徐家力律师主持。

北京科技大学文法学院副院长、北京科技大学知识产权研究中心副主任张武军代表文法学院为研讨会致辞。全国人大法制工作委员会经济法室三处处长王翔、原国家工商总局商标局副局长董葆霖、国家知识产权局商标局条法司副司长吕志华，北京航空航天大学法学院教授、博士生导师孙国瑞，广东省工商总局商标处原处长齐浒湾等来自商标领域理论和实务界的领导、专家出席研讨会。

与会专家从立法和法律实践等不同的角度，对《中华人民共和国商标法》实施中存在的问题进行了深入而充分的研讨，对即将进行的《中华人民共和国商标法》的修订提出了中肯的建议，取得了预期的研讨成果。

朝律

朝陽律師
CHAOYANG LAWYERS

追梦筑梦　奋进40年
朝阳律师回顾律师制度恢复40年展

第三部分

服务大局　彰显担当

朝阳律师参与重要事件

2019年，新中国成立70周年，律师制度也恢复了40年。为了进一步展示“朝阳律师”的形象和风采、强化“朝阳律师”的社会影响力，打造“朝阳律师”品牌，北京市朝阳区律师协会在2019年举办“追梦筑梦　奋进40年”——朝阳律师回顾律师制度恢复40年展。本部分是律师制度恢复40年来，朝阳律师“服务大局 彰显担当”参与重要事件的版块。

导言

律师制度恢复40年，为进一步展示朝阳律师“服务大局彰显担当”的形象和风采，本部分对朝阳律师参与的重要事件进行了梳理，包括朝阳律师参与奥运会、残奥会以及冬奥会、冬残奥会，参与“一带一路”，参与“马航MH370”失联事件处置，参与“APEC峰会”“B20峰会”，参与“雄安新区建设”等。

奥运会、残奥会及冬奥会、冬残奥会

北京奥运会、残奥会介绍

第29届夏季奥林匹克运动会，又称2008年北京奥运会，于2008年8月8日起在北京市举办。

2008年北京奥运会主办城市是北京，上海、天津、沈阳、秦皇岛、青岛为协办城市。香港承办马术项目。

第13届夏季残奥会，又称2008年北京残奥会，于2008年9月6—17日举行。除马术比赛在香港进行、帆船比赛在青岛进行外，其余项目均在北京进行。

北京冬奥会、冬残奥会介绍

第24届冬季奥林匹克运动会，又称2022年北京冬奥会，将在2022年2月4—20日在北京市和河北省张家口市联合举行。

这是我国历史上第一次举办冬季奥运会，北京、张家口同为主办城市，也是我国继北京奥运会、南京青奥会之后我国第三次举办的奥运赛事。

展览素材

01

北京天驰君泰律师事务所律师为北京奥运会、残奥会提供法律服务。

02

北京金诚同达律师事务所律师为北京奥运会、残奥会提供法律服务。

03

北京金诚同达律师事务所律师作为朝阳律师为北京奥运会、残奥会提供法律服务。

04

北京市政府采购中心

国浩律师（北京）律师事务所、北京天驰君泰律师事务所、北京天达共和律师事务所为北京冬奥会、冬残奥会提供法律服务。

05

北京天驰君泰律师事务所为北京冬奥会、冬残奥会场馆建设提供知识产权法律服务。

06

朝阳律师为北京奥运会、残奥会提供法律服务，获得北京市律师协会颁发的“专业贡献奖”。

07

朝阳律师为北京奥运会、残奥会提供法律服务，获得北京市律师协会颁发的“奉献奖”。

08

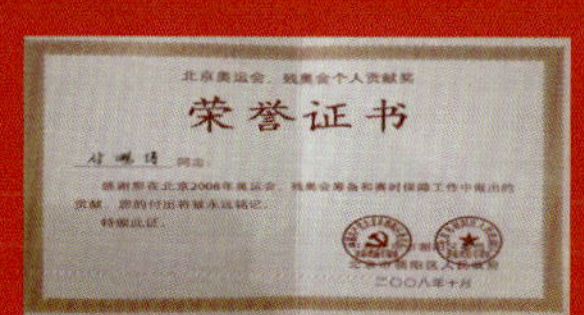
荣誉证书

朝阳律师为 2008 年奥运会、残奥会筹备和赛时保障工作作出贡献。

09

朝阳律师为 2008 年奥运会、残奥会筹备和赛时保障工作作出贡献。

一带一路

“一带一路”介绍

“一带一路”（The Belt and Road，缩写为 B&R）是“丝绸之路经济带”和“21 世纪海上丝绸之路”的简称，2013 年 9 月和 10 月由中国国家主席习近平提出建设“新丝绸之路经济带”和“21 世纪海上丝绸之路”的合作倡议。

一带一路旨在借用古代丝绸之路的历史符号，高举和平发展的旗帜，积极发展与沿线国家的经济合作伙伴关系，共同打造政治互信、经济融合、文化包容的利益共同体、命运共同体和责任共同体。

展览素材

为更好地为“一带一路”提供专业、优质、高效的服务，朝阳区律师协会王正志律师、孙敬泽律师等律师代表北京市朝阳区律师协会在新加坡与环太平洋国际律师协会签订合作协议。

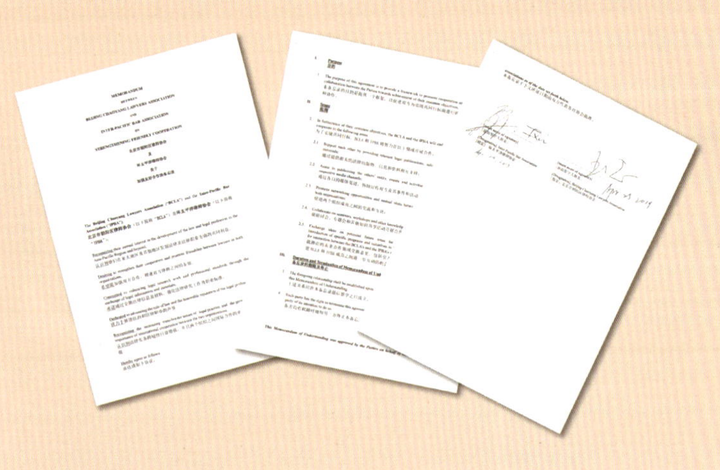

北京市朝阳区律师协会与环太平洋律师协会合作协议

朝阳律师参与撰写了《"一带一路"六十五个国家中国企业海外投资法律环境分析报告汇编暨外国投资法律制度分析报告汇编》中黑山、塞尔维亚、克罗地亚、巴林等国家的报告，并负责报告的统稿工作。

金诚同达律师事务所与斯里兰 D.L.&F.De Saram 律师事务所签署法律合作服务备忘录，实现双方律师间深度交流合作、为"一带一路"律师合作搭建更广阔的合作平台。

马航 MH370 失联事件处置

事件过程

2014 年 3 月 8 日凌晨 2 时 40 分，马来西亚航空公司称有一架载有 239 人（其中 154 人为中国人）的波音 777-200 飞机与管制中心失去联系，多方搜救未果。该航班号为 MH370，原定由吉隆坡飞往北京，应于北京时间 2014 年 3 月 8 日 6 时 30 分抵达北京。

2015 年 1 月 29 日，马来西亚民航局宣布，马航 MH370 航班失事，并推定机上所有 239 名乘客和机组人员已遇难。同年 3 月 8 日该事件被确认为空难事故。

展览素材

马航 MH370 失联事件

朝阳律师为“马航 MH370 失联事件”乘客家属提供法律帮助。

李学辉律师：

感谢您积极投身公益事业，参与马航MH370客机失联事件应急法律服务工作。

北京市律师协会
2015年2月

2014 年 APEC 峰会

金诚同达律师事务所为 2014 年 APEC 峰会提供法律服务。

2015 年北京国际田联世界田径锦标赛

赛事介绍

世界田径锦标赛是创始于 1983 年的国际性田径赛事，主办机构是国际田径联合会。世界田径锦标赛是目前仅次于奥运会、足球世界杯的第三大国际体育赛事。2015 年世界田径锦标赛是继 2008 年奥运会后，北京迎来的最重要的世界级体育盛会，对于推动田径运动在中国和亚洲的发展，具有积极、深远的意义。

展览素材

2015 年 1 月 30 日，北京市盈科律师事务所与 2015 年北京国际田联世界田径锦标赛组委会签约，正式成为该项赛事的专项法律顾问。北京市体育局副局长陈杰同志作为组委会代表与北京市盈科律师事务所高级合伙人魏镇胜律师共同签署了法律服务合同。

2016 年 B20 峰会

展览素材

2016 年 9 月 3—4 日，B20 峰会在杭州举办，金诚同达律师事务所为这届史上规模最大的峰会提供法律服务。

法治政府建设

展览素材

盈科律师事务所律师受政府委托为朝阳区一氧化碳中毒事件的受害者家属提供法律咨询服务。

雄安新区建设

雄安新区介绍

雄安新区位于我国河北省保定市境内，地处北京、天津、保定腹地，规划范围涵盖河北省雄县、容城、安新 3 县及周边部分区域，对雄县、容城、安新 3 县及周边区域实行托管。

2017 年 4 月 1 日，中共中央、国务院决定在此设立国家级新区。

展览素材

北京天驰君泰律师事务所为雄安新区建设提供法律服务。

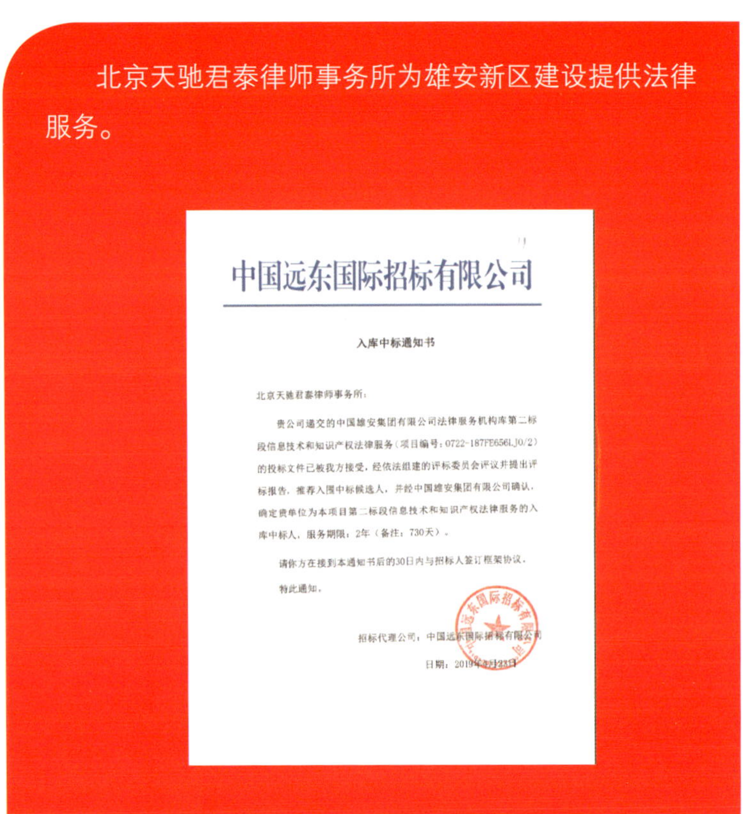

中国远东国际招标有限公司

入库中标通知书

北京天驰君泰律师事务所：

贵公司递交的中国雄安集团有限公司法律服务机构库第二标段信息技术和知识产权法律服务（项目编号：0722-187FE656LJ0/2）的投标文件已被我方接受，经依法组建的评标委员会评议并提出评标报告，推荐入围中标候选人，并经中国雄安集团有限公司确认，确定贵单位为本项目第二标段信息技术和知识产权法律服务的入库中标人，服务期限：2年（备注：730天）。

请你方在接到本通知书后的30日内与招标人签订框架协议。

特此通知。

招标代理公司：中国远东国际招标有限公司

日期：2019年[illegible]

朝陽律師

CHAOYANG LAWYERS

追梦筑梦　奋进40年

朝阳律师回顾律师制度恢复40年展

第四部分

匠心履职　不辱使命

朝阳律师参与重大案件

改革开放40年，也是我国经济社会迅猛发展的40年。40年来，朝阳律师的职能作用日益显现。他们以精湛的业务水平和丰富的办案经验为当事人提供了高质量的法律服务，为维护法律的正确实施、捍卫国家权利作出了积极贡献。这期间，一大批影响力巨大、彰显律师公正形象、备受社会关注的经典案例涌现出来，勾勒出朝阳律师体现法律精神、传承法律智慧、推动法治进步的动人画卷。

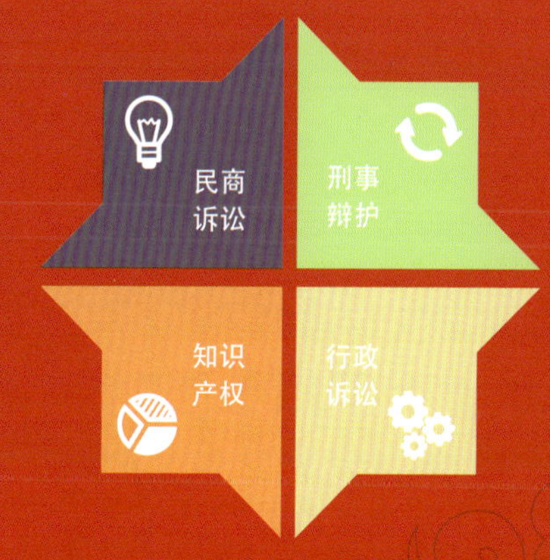

导言

40年前，改革开放的春风吹醒了中国的律师制度。随后，中国律师重新走上了历史舞台！40年来，朝阳律师不忘初心，不负重托，砥砺前行。本次40周年律师展的重大案件版块，展现出了朝阳律师在民商诉讼，刑事辩护、知识产权等诸多专业领域取得的重大成就。每一个重大案件都凝聚了律师卓越的专业技能与辛勤汗水，每一个重大案件都体现着社会的公平与正义，每一个重大案件都是法治宣传的生动教材。

民商诉讼

季承诉北京大学返还原物案（大成）

判决书

重大意义

季羡林先生对北京大学的捐赠行为曾在2006年因感动中国而家喻户晓；本案的一方是国学大师季羡林的儿子季承，另一方是全国最高学府之一——北京大学，纠纷围绕轰动全国的巨额捐赠，牵涉遗产分割、父子关系等隐秘家事与献身公益、回馈社会的高尚行为，关乎北京大学的百年声誉与季羡林先生的人格评价，具有极高的舆论关注度和社会影响力。

北京大学诉邹恒甫名誉权纠纷案（大成）

判决书

重大意义

本案是司法公开背景下国内外社会关注度高、影响力大的涉网络民事案件。本案入选2014年人民法院“十大民事案件”，本案舆论引导工作被最高院评为2014年“全国法院网络宣传优秀策划”。

张某申请唐山某房地产公司及其股东李某民商事纠纷承认与执行案（大成）

判决书

财 产
冻结令

重大
意义

本案是在国外承认与执行我国法院民事调解书的典型案件，在加拿大法院获得了二审胜诉。本案是加拿大卑诗省法院法官签署的数额最大的财产冻结令案例，也是加拿大法院首次承认与执行我国法院民事调解书的案例。

中信银行保兑仓合作协议纠纷再审案（兰台）

判决书

重大
意义

本案为银行业保兑仓业务的担保责任认定提供了新的思路，在金融创新产品中具有典型性和代表性，入选了最高人民法院民二庭商事审判指导（2016 卷）精选案例，以及北京市律协民事二审、再审改判案例汇编。

克兰克・古斯塔夫・沃尔特诉中国首钢国际贸易工程公司股权转让纠纷案（兰台）

判决书

重大
意义

该案系涉外案件，在国内法院审理但适用的准据法为芬兰法律，这类案件极为罕见。在庭审过程中明确外国法律理解适用的规则，有助于法院理解外国法律。

宁波建工公司股权转让纠纷再审案（盈科）

判决书

重大
意义

在案外人对原判决、裁定、调解书确定的执行标的物主张权利，且无法提起新的诉讼解决的，通过向作出原判决、裁定、调解书的人民法院的上一级人民法院申请再审，从而维护其合法权益。

邱少华诉孙杰、加多宝公司一般人格权纠纷案（盈科）

判决书

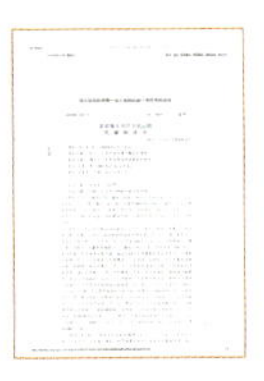

重大意义

本案被最高人民法院选为保护英雄烈士人格权典型案例，被评为“2016 年度人民法院十大民事行政案件”“2016 年推动中国法治进程十大案例”，也被写入 2017 年最高人民法院工作报告。人民日报等中央级官方媒体均对此案进行了报道。本案的裁判结果对于《中华人民共和国民法总则》第一百八十五条有关英雄烈士的名誉权、荣誉权保护条款以及《中华人民共和国英雄烈士保护法》的制定也起到了推动作用。

美国航空货运反垄断诉讼案（盈科）

重大意义

该案是我国企业遇到的第一个服务贸易领域国际反垄断诉讼案件。这是我国企业第一次以受害者身份参加其他国家法院的反垄断集体诉讼，是我国有关行业协会第一次代表我国受害企业参加境外反垄断诉讼，也是我国律师第一次接受相关行业协会和会员企业委托直接参加境外反垄断索赔诉讼，具有十分重要的借鉴和指导意义。

韩立德律师接受中国国际货运代理协会、中国对外贸易经济合作企业协会及其 33 家会员企业委托，经过 10 年艰苦努力，成功为委托人取得折合人民币 2500 多万元的赔偿金 。

追忆对日民间诉讼第一案（天达共和）

重大意义

本案是与“南京大屠杀”有关的侵害名誉权案，在我国境内的诉讼及在日本的反诉讼长达 5 年之久，最终在我国和日本均获胜诉。代理律师的律师袍、代理词及法庭照片现已被收藏并展示在南京大屠杀纪念馆，让中国律师、中国人引以为豪。

韩国安城公司诉中国政府投资争端案（中伦）

重大意义

本案是我国作为东道国被诉的第二起国际投资仲裁案件，也是其中完成仲裁庭组庭、开庭并作出裁决的第一起案件。据公开信息，本案是位于华盛顿的解决投资争端国际中心（“ICSID”）历史上从开庭到作出裁决最快的案件。本案仲裁庭全面支持了中方观点，驳回了投资者的仲裁请求，这一胜利彰显了我国政府和律师有能力充分运用国际法规则和程序，在复杂的国际投资争端案件中捍卫国家权益。

我国第一例保障措施案（中策）

重大意义

本案是我国发起的第一起保障措施案件，通过律师的努力，最终我国政府对被调查的 25 种产品中的 5 种产品采取了保障措施，对我国圆满解决有史以来最大的商务诉讼起到了不可替代的重要作用，得到了国内外钢铁行业和我国调查机关的公认，也向国际社会展示了我国律师的风采。

大宇公司土地使用权抵押案（金平）

重大意义

本案是在北京奥运会筹备时期发生，是轰动全国的“嘉利来大坑案”，涉案标的 6 亿余元。该项目纠纷产生于北京奥运会开幕前期，在当时系市长办公会议协调的重大议题之一。金莲淑律师通过多方努力促成大宇公司与中方达成和解并撤诉，为此，金平所及金莲淑律师在此案中减免了巨额律师代理费。本案达成调解，为北京市政府和法院减轻了解决难题的重大压力，维护了北京市的城市形象，为北京奥运会增添了光彩。

邱维廉与香港金晖国际管理服务有限公司劳务合同纠纷案（国浩）

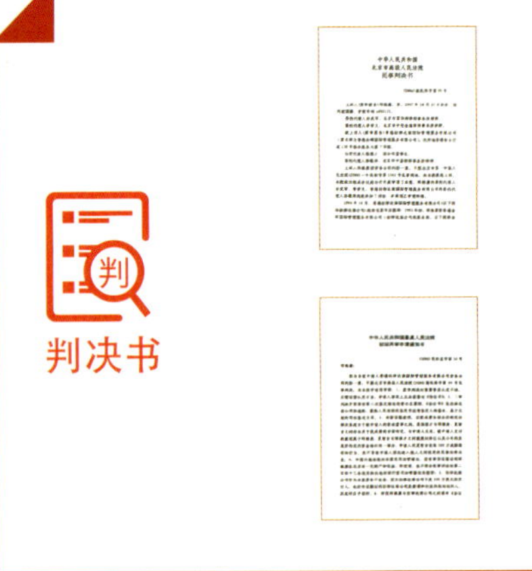
判决书

重大意义

本案当事人一方是在华侨届有重大影响的澳大利亚公民，一方是香港公司，双方因 500 万美元的劳务费纠纷在我国法院围绕司法管辖权等程序及实体问题进行多轮诉讼、申诉、再审司法程序。为彻底解决这起久拖不决的民事申诉案件，最高人民法院在复查疑难民事案件中首次探索引入公开听证机制，邀请了部分全国人大代表、政协委员、侨务部门和特约监督员，特邀咨询员参加旁听，充分体现了最高人民法院主动接受社会各界的监督，以阳光司法解决社会矛盾，努力让人民群众在每一个司法案件中都感受到公平正义的司法精神。

知识产权

杨绛、钱钟书书信手稿拍卖案（大成）

判决书

重大意义

本案是我国首例涉及著作人人格权的临时禁令，也是《中华人民共和国民事诉讼法》（2012 年修订）实施后针对侵害著作权行为作出的首例临时禁令。本案入选最高法院公布的七起保障民生典型案例。本案委托人系我国著名作家、翻译家、外国文学研究家杨绛女士（委托时在世，现已故），涉及已故著名作家、文学研究家钱钟书先生，案件受到国际和国内社会的广泛关注。该禁令和实体判决推动了全社会特别是收信人对于发信人著作权和隐私权的保护，体现了宪法所保护的通信秘密的现实价值，发挥了法律的社会引导功能。

美国沃尔特公司诉新华书店侵犯版权纠纷案（大成）

判决书

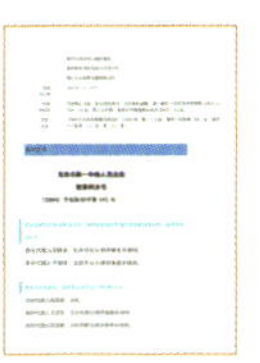

重大意义

本案是《中华人民共和国著作权法》自 1991 年施行以来，在国内、国外获得重大影响力的著作权纠纷典型案例之一，引发了社会各界的广泛关注和热烈讨论。

本案也是我国首起适用《中美保护知识产权谅解备忘录》的侵犯著作权案件，该案的处理树立了我国司法机关保护知识产权的良好形象，在国内外产生了重大影响，因此也对中美知识产权谈判起到了积极的推动作用。在 1996 年全国人民代表大会上，最高人民法院工作报告将此案作为人民法院依法审理的著作权案件加以肯定。

红太阳公司与江淮集团、江淮股份确认不侵犯注册商标专用权纠纷再审案（兰台）

判决书

重大意义

本案被最高人民法院评为 2011 年知识产权保护十大典型案件之一。本案当事人是两个大型汽车企业，双方之间有多起关联商标诉讼案件，社会影响力较大，在面临案件二审判决败诉的情况下，兰台所律师通过专业的服务促成双方和解，连带多年的多起商标诉讼争议也得到圆满解决，矛盾得以彻底化解。

天业恒基公司与网势星空公司、商标局商标权撤销复审行政纠纷二审案（德和衡）

判决书

重大意义

本案诉争商标为百年老字号商标“瑞蚨祥”（权利人为山东天业恒基股份有限公司），如本案二审上诉不能改判，“瑞蚨祥”商标将被撤销，这家百年老字号将永远失去这一商标。通过律师专业细致的代理工作，最终北京市高级人民法院作出终审判决，撤销一审判决，天业恒基公司二审获胜，“瑞蚨祥”商标得以继续使用。

刑事辩护

丁文犯非法经营罪案（大成）

判决书

重大意义

买卖人头骨的刑事判决，是全国第一例；将人头骨买卖行为判定为犯罪行为，也是全国第一例。本案首次将违背人伦的人头骨交易行为认定为违反国家规定的市场交易行为，并予以刑事处罚；且是适用于外籍被告，体现了刑法适用平等原则。

满增志涉嫌合同诈骗罪案件（德和衡）

判决书

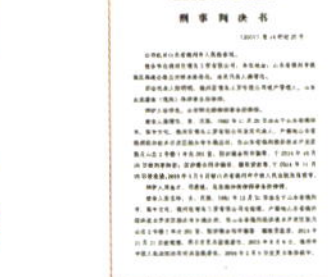

重大意义

满增志涉嫌合同诈骗、诈骗罪一案，历经一审、二审、发回重审，经辩护人强力辩护，人民法院最终采信辩护人的意见，判决满增志等人无罪（四罪皆无），在当地产生重大影响。本案辩护律师的积极工作，充分贯彻了《司法部关于充分发挥职能作用为民营企业发展营造良好法治环境的意见》中关于“积极服务民营企业”“帮助民营企业有效预防和化解法律风险”的要求。

张文中犯诈骗罪、单位行贿罪、挪用资金罪再审宣告无罪案（乾成）

判决书

重大意义

原审被告人张文中再审宣告无罪案，是最高人民法院落实民营企业产权保护政策的经典案例，入选最高人民法院与中央广播电视总台联合举办评选的“2018 年推动法治进程十大案件”，被誉为“民营企业产权保护第一案”。

吴学强犯提供虚假证明文件罪案（乾成）

判决书

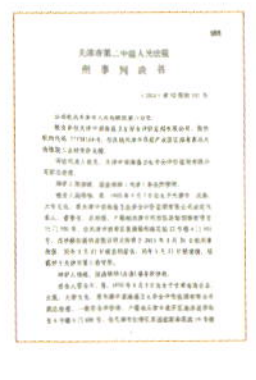

重大意义

2015 年 8 月 12 日，天津瑞海公司危险品仓库发生特别重大火灾爆炸事故，爆炸导致 165 人死亡，直接经济损失 68.66 亿元，社会影响特别重大。为妥善解决刑事争议，推动社会法治进步，回应全社会的高度关注，本所律师在保持与工作组的密切配合和高度良性互动的情况下，每周会见嫌疑人，逐步解决案件中的一个个疑难问题，最终达到了法律效果、社会效果、政治效果的统一。

内蒙古巴彦淖尔农民王力军无证收购玉米案（京师）

判决书

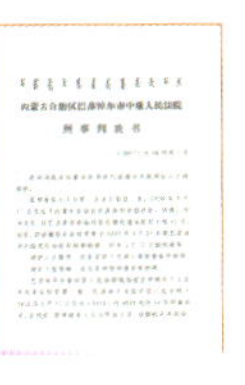

重大意义

最高人民法院将此案列为指导性案例。该案再审法院撤销原一审判决，改判王力军无罪，用个案推动以良法善治为核心的法治进程及经济行政管理领域改革，取得了法律效果和社会效果的统一。

行政诉讼

马玉芝诉朝阳区政府行政纠纷案（康达）

判决书

重大意义

北京市第四中级人民法院于 2014 年 12 月 30 日正式挂牌成立。马某诉朝阳区人民政府履行法定职责案是该院成立后的第一起行政诉讼案件。

袁诚家、谢艳敏国家赔偿案（京师）

判决书

重大意义

针对袁诚家、谢艳敏申请国家赔偿案，辽宁省公安厅决定返还 6.79 亿元创下了国内历史新高。该案是落实产权保护制度的典型案例，充分体现了处理违法所得不得牵连合法财产的基本原则。

北京某置业公司诉朝阳区政府行政纠纷案（康达）

判决书

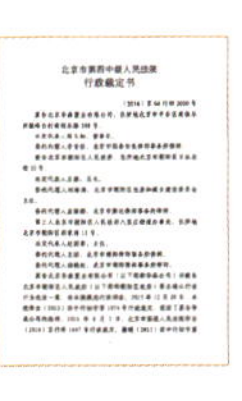

重大意义

本案为北京市第四中级人民法院审理的首例因房地产配套设施移交问题引发的行政诉讼案，也是朝阳区人民政府行政机关正职负责人（时任区长王灏）首次出庭应诉的案件，被多家媒体报道。

韩某等 148 人诉区政府房屋征收决定违法案（京润）

判决书

重大意义

“确因公共利益的需要”是法规赋予政府强制征收权的前提，但是该权力的行使必须具有现实必要性、目的正当性，否则不能被认为是合理合法的。本案的执行对何种情况下构成“确因公共利益的需要”的标准具有较大的指导意义。

周胜喜执行案，将镇政府纳入失信被执行人名单（京师）

重大意义

周胜喜执行案在中央电视台播出的法治故事——《古稀老人 19 年讨债路》中进行报道，引起社会的广泛关注，同时也开启了可将基层政府机关列入失信被执行人名单的先河。2016 年底，周胜喜案再度成为舆论热议的案件，被选为央视十大标志性典型案例。

朝律

朝陽律師
CHAOYANG LAWYERS

追梦筑梦　奋进40年
朝阳律师回顾律师制度恢复40年展

第五部分

与时俱进　成就辉煌

朝阳律师参与重要项目

在改革开放的历史进程中，朝阳律师始终关注时代变化与发展需求，致力于为客户提供全面、精准、高效的法律服务。近年来，朝阳律师凭借过硬的专业实力和高度的敬业精神，在金融与资本市场、跨境法律服务、知识产权、建设工程与基础设施、奥运会等重要业务领域打造出一批具有较大影响力的典型项目。他们以前沿思维引领行业航向，形成广为赞誉的“朝律模式”，彰显了朝阳律师的风采与担当。

导言

40 年斗转星移、40 年砥砺前行。今年是律师制度恢复 40 周年。回首来时路，我国律师制度与法治建设一起，走过了 40 年不平凡的伟大历程。在这 40 年中朝阳律师不断搜索与尝试，亲历了从无到有、从小到大、从弱到强的变迁过程。尤其在重大项目领域，充分展示了朝阳律师的形象和风采、强化了社会影响力、打造了“朝阳律师”品牌，为律师行业的发展作出了重大贡献。本版块展示了在这 40 年历程中朝阳律师参与重大资本市场、并购、涉外业务、知识产权、建设工程与基础设施、奥运会等业务领域具有重大意义、有较大的影响性、普及性、专业性的项目。

资本市场业务

“中国铁塔”首次公开发行股票并在香港联合交易所有限公司主板上市

01

项目简介

2018 年 8 月 8 日，中国铁塔股份有限公司（以下简称“中国铁塔”）在香港联交所主板成功上市。中国铁塔本次全球发售的股份总数为 43114800000 股（超额配售行使前），发行价为每股 1.26 港元，募集资金约 543.25 亿港元。超额配售行使后的募集资金总额约为 587.96 亿港元。

中国铁塔 H 股 IPO（首次公开募股）上市是近两年全球最大 IPO 项目，是香港联交所迄今十大 IPO 项目之一。

中伦律师事务所担任本项目联席保荐人及承销商的中国法律顾问。本项目最大的难点是关于中国铁塔公司的巨量铁塔站址合法性和物业权属的核查。上市工作准备和推进过程中，在保荐人等各机构开展铁塔站址和物业核查工作之前，中伦项目组协助和配合保荐人与公司中国律师、公司境外律师、审计机构，并与公司方面进行了充分、深入、反复的专题讨论、分析、研究和论证，最终形成了保荐人和其他相关中介机构认可的铁塔站址和物业核查方案。

承办律所（代表承销商）：中伦律师事务所

负责律师：

郭克军　贾琛　魏海涛　姚启明　翁禾倩　朱将萌

“中国铁塔”首次公开发行股票并在香港联合交易所有限公司主板上市

02

项目简介

2018年8月8日，中国铁塔首次公开发行的股票在香港联交所主板成功上市（股票代码：0788.HK）。中国铁塔本次全球发售的股份总数为43114800000股（超额配售行使前），发行价为每股1.26港元，募集资金约543.25亿港元，成为近两年以来全球最大规模的IPO项目，也成为香港联交所截至目前的前十大IPO项目之一。

金杜律师事务所作为发行人境内律师，自项目启动以来，在整个上市过程中为发行人提供了全面、精准、高效的法律服务和具有创新性的解决方案。

项目意义

中国铁塔是在深化国有企业改革、促进电信基础设施资源共享的背景下设立的公司，股东由中国移动、中国联通、中国电信和中国国新组成。公司主要基于庞大的站址资源向通信运营商提供塔类服务、室分服务，以及提供配套设备、维护及电力服务；公司亦开展跨行业站址应用与信息服务。截至2017年12月31日，按站址数量、租户数量和收入计，中国铁塔在全球通信铁塔基础设施服务提供商中均位列第一，是全球规模最大的通信铁塔基础设施服务提供商。

在此次招股过程中，中国铁塔引入了包括高瓴资本、OZ Funds、Darsana Funds、淘宝中国、中油资本以及Invus基金等在内的10家基石投资者，累计投资金额达14.235亿美元。

承办律所（代表发行人）：金杜律师事务所。

负责律师：

唐丽子　　苏峥

青岛海尔股份有限公司登陆德国 D 股上市

承办律所（代表发行人）：金杜律师事务所。

项目简介

2018 年 10 月 24 日，青岛海尔股份有限公司（以下简称“青岛海尔”，SH600690，690D）在中欧国际交易所股份有限公司 D 股市场首次公开发行股票并上市。青岛海尔本次全球发售的 D 股总数为 2.65 亿股，发行价为每股 1.05 欧元。青岛海尔是法兰克福交易所接纳直接公开发行股票并上市交易的第一家中国上市公司，也是在欧洲的交易所挂牌上市并融资的第一家中国上市公司，开创了“A+D”模式。

在本次发行过程中，金杜律师事务所作为发行人法律顾问协助青岛海尔起草三会文件、沟通材料及申报材料等，并就项目申报过程中有关内控制度、披露时间衔接等复杂法律问题协助青岛海尔与上海证券交易所沟通并制定相应的解决方案，同时金杜与德国金融监管局（Bafin）、法兰克福交易所、Deutsche Borse 建立了良好的联系，为客户提供了优质高效的服务，得到了客户及其他中介团队的充分认可和高度评价。

“青岛海尔”登陆德国 D 股上市

项目意义

青岛海尔于 1993 年在上海证券交易所上市，是全球领先的家用电器制造商，此次在德国上市是青岛海尔国际化的重要一步。此次在德国上市，青岛海尔利用中欧两地的资本市场实现资金来源多元化，优化资本结构，扩大投资者基础，提升其全球品牌知名度，并支持其业务战略和全球部署，对青岛海尔具有深远意义。

负责律师：

阿里巴巴集团在纽约证券交易所上市

项目简介

2014 年 9 月 19 日，阿里巴巴集团控股有限公司（以下简称"阿里巴巴"）在金杜律师事务所专业团队的协助下，成功在纽约证券交易所挂牌上市（股票代码：BABA）。阿里巴巴首次公开发售超过 3.2 亿股美国托存凭证（ADS），发行价为每股 68 美元，募集资金约 218 亿美元。2014 年 9 月 22 日，阿里巴巴承销商全额行使初始发行规模 15% 的超额配售选择权后，阿里巴巴的发行股数增至 368122000 股，募集资金总额达到 250.3 亿美元，成为当时全球有史以来最大规模的 IPO 项目。

金杜律师事务所在本项目中担任六家主承销商的中国法律顾问，全面参与了中国法律尽职调查，招股说明书审阅和修改、美国证监会反馈意见答复、中国法律意见书起草等各个环节。金杜律师事务所能够成功协助完成该项目，再次证明了其国际化律师团队的实力和过硬的专业执业能力。

项目意义

阿里巴巴是一家立足于中国本土的国际化互联网公司，旗下拥有领先业界的批发平台和零售平台，以及包括云端计算、网络服务、移动解决方案等在内的多项互联网业务。凭借国际化的人才结构、决策视野和发展战略，阿里巴巴已经成为电子移动商务的全球领导者。本次赴美上市，自 2014 年 9 月 9 日在美国举行路演伊始即吸引了来自全世界投资者的目光。在纽约证券交易所挂牌上市后，股值立刻攀升，得到市场的积极响应，经过创纪录的近两个半小时的 10 轮询价后，阿里巴巴股票以 92.7 美元开盘，较发行价上涨 36.3%，发行当日以 93.89 美元收盘，上市首日大涨 38.07%。此次成功上市阿里巴巴印证了其在电子商务领域和互联网商业时代的领先地位和占领国际市场的势头。

承办律所（代表发行人）：金杜律师事务所。

并购业务

青岛海尔收购通用电气家电业务交易

项目简介

青岛海尔于 2016 年向一家跨国公司（以下简称“卖方”）收购了其家电业务相关的资产与股权。作为截至 2016 年 1 月中国非金融上市公司最大的海外并购项目，本次交易成功入选 2016 年中国前20大跨境并购交易， 也成为中国企业走出去、在国际舞台胜出的经典案例。

项目意义

在过往以欧美跨国公司为主导的跨境并购项目中，客户一般习惯聘请本国的律师作为项目的牵头律师，协助客户完成从尽职调查到收购协议的谈判、签约和交割等工作。项目中涉及的其他各个法域的律师仅在项目中根据牵头律师的要求来开展一些辅助性工作。因此，一些中国企业会选择美国或者欧洲的大型律师事务所来主导境外并购交易。但随着经济实力的增长，越来越多的中国跨境并购律师与中国企业一起成长壮大，一同走向全球，并逐渐开始全面参与中国企业的海外交易。本项目就是一个中国律师成功全面参与海外并购项目的典型案例。

本次交易完成后，买卖双方将在销售、生产、研发、采购、供应链/生产等方面形成优势互补，有利于发挥协同效应。同时青岛海尔将进一步深入了解海外家电行业的市场环境、经营环境、法律环境，进一步丰富海外并购和跨国企业管理经验，深入美国、加拿大和拉美市场，持续优化公司在全球范围内的战略布局。

承办律所：金杜律师事务所。

滴滴打车与快的的合并及与 UBER 的合并

项目简介

方达代表小桔快车科技有限公司（滴滴打车）参与其与快的打车的合并，合并后的公司的估值为 60 亿美元。该交易于 2015 年 2 月 14 日宣布。该公司的团队由公司组合伙人谭鹏和齐轩霆以及反垄断合伙人韩亮领导。

方达代表小桔快车（滴滴出行）参与收购 Uber（优步中国）。交易于 2016 年 8 月 1 日公布并交割。交易金额约为 70 亿美元。方达团队由公司组合伙人谭鹏和反垄断组合伙人韩亮牵头。

承办律所：方达律师事务所。

负责律师：

谭鹏　齐轩霆　韩亮

东方汇中投资控股有限公司收购“瓦良格”号航空母舰项目

项目简介

刘继律师在 1999 年 3 月至 2000 年 4 月为东方汇中投资控股有限公司收购乌克兰“瓦良格”号航空母舰提供法律服务。作为“乌克兰购舰工作小组”成员，刘继律师参与了与乌方的谈判工作，并在收购过程中依据国际商业和贸易法规，起草了数十份文件和备忘录，减少了因项目前期违约所造成的资产损失。

作为我国第一艘航空母舰“辽宁舰”的前身，“瓦良格”号航空母舰收购成功，对中国航母、中国海军和国防事业的历史的发展意义重大。

承办律所：国浩律师（北京）事务所。

负责律师：

刘继

●刘继律师提供法律服务

宝钢与武钢吸收合并项目

项目简介

方达代表宝山钢铁股份有限公司（上海证券交易所上市公司，股票代码 600019），为其换股吸收合并武汉钢铁股份有限公司（上海证券交易所上市公司，股票代码 600005）项目提供法律服务。本次交易的交易金额为 2600157.68 万元人民币。本项目于 2016 年 9 月 23 日公布，尚在进行中。

本项目方达团队由公司组合伙人王恒律师、楼伟亮律师以及反垄断组韩亮律师牵头。

承办律所：方达律师事务所。

安踏、方源资本及其他投资人组成的财团收购 Amer Sports Corporation

项目简介

方达代表由安踏、方源资本及其他投资人组成的财团，收购一家旗下拥有众多国际知名品牌的体育用品公司 Amer Sports Corporation（以下简称“Amer”）。2018 年 12 月 10 日，财团发出了一项自愿性公开现金要约收购，以购买 Amer 全部已发行在外股本。要约收购价格为每股 40 欧元，据此计算的 Amer 所有已发行在外的股本价格约为 46 亿欧元。要约收购已于 2019 年 3 月 29 日截止。要约收购期截止后，财团收购的股份占 Amer 全部股份的 98.11%。方达团队由公司业务合伙人丁继栋和反垄断业务合伙人韩亮牵头。

承办律所：方达律师事务所。

长城汽车与宝马集团在华设立合资公司

项目简介

交易相关方自 2016 年初开始接洽，经过前期反复论证、交易相关方多轮协商谈判，最终确定由长城汽车股份有限公司和宝马（荷兰）控股公司于中国共同设立合资公司。2018 年 7 月 10 日，在中德两国总理的见证下，交易相关方于柏林签署合资经营合同，拟在中国共同设立合资公司——“光束汽车有限公司”。

本次交易中，中伦团队提供的法律服务涉及跨境投资、外商投资产业政策、国内及国际知识产权、境内外反垄断申报、产品责任、工程建设等多个领域，交易事项涉及中国、德国、智利等多个国家。中伦团队作为长城汽车的独家法律顾问，于交易相关方初步意向阶段即开始参与项目，项目推进过程中多次往返于中国及德国宝马汽车总部，全权代表长城汽车与宝马集团开展协商谈判工作。中伦团队于本项目中的专业度和敬业精神亦获得了宝马集团法律组人员的高度评价。

承办律所：中伦律师事务所

●长城汽车与宝马集团在华设立合资公司

并购业务

南京新百收购英国 House of Fraser 股权

项目简介

三胞集团旗下的 A 股上市公司南京新街口百货商店股份有限公司（以下简称“南京新百”，股票代码：600682）于 2014 年以约 1.55 亿英镑收购英国历史最悠久的百货公司弗雷泽百货商店集团（House of Fraser）约 89% 的股权。

本项目为跨境并购项目并同时构成南京新百的重大资产重组，中国境内需要履行发改委、商务部、外管局、证监会以及上交所的审批、备案及登记、披露流程。交易对方为分布于欧洲多个国家的几十个股东，交易涉及多个国家的法律程序。

本项目于 2014 年 4 月签署交易协议，2014 年 9 月初如期履行完毕全部境内外程序并顺利交割，以李海容律师为总牵头合伙人的项目组律师对本次交易涉及的境外投资核准及备案程序进行了细致的研究，从申报时点的把握、申请材料的准备等方面提供了专业的法律意见，保证了本次交易能够及时、顺利取得各项审批及备案，交易完美收官。

承办律所：中伦律师事务所。

●南京新百收购英国 House of Fraser 股权

负责律师：

李海容

美国联邦快递收购大田快递

项目简介

刘继律师在 2005—2006 年为美国联邦快递收购大田快递的资产提供法律服务，该收购案的交易价为 4 亿美元，创下我国单一资产出售的最高金额历史记录。我国快递行业从 1979 年中国第一家快递企业成立至今，经历了“中国邮政开快递先河—国内民营快递企业高速发展—外资准入，全面对外资开放物流及快递业—快递行业不断规范完善”四个发展阶段。2005 年 12 月，我国按照 WTO（世界贸易组织）协议全面对外资开放物流及快递业，联邦快递通过收购大田快递进入中国市场，对外资进入中国市场及促进中国快递业的发展具有重要意义。

承办律所：国浩律师（北京）事务所。

负责律师：

刘继

中国化工收购先正达

项目简介

方达律师事务所作为中国法律顾问，代表中国化工集团公司以每股 465 美元的价格收购先正达 100% 的流通股。先正达的总股本价值超过 430 亿美元。该交易于 2016 年 2 月 3 日宣布。该公司的团队由公司组合伙人丁继栋和薛丽领导。

承办律所：方达律师事务所。

负责律师：

丁继栋　　薛丽

葛洲坝海投公司收购
巴西圣保罗圣诺伦索公司 100% 股权

项目简介

承办律所：中伦律师事务所。

本次交易为中国葛洲坝集团海外投资有限公司收购巴西圣保罗圣诺伦索供水系统公司（以下简称“SPSL”）的 100% 股权，进而取得圣诺伦索供水项目相关的特许经营权。目标公司是巴西圣保罗水务公司下属的获得特许经营的巴西最大的供水系统公司，交易对方为 SPSL 的股东巴西 Camargo Correa 集团和 Andrade Gutierrez 集团。

本项目是巴西最大城市圣保罗市的重要市政项目，项目建成运营后可满足 150 万人的饮水需求，极大缓解当地供水紧张。葛洲坝历经两年努力，先后完成了对项目的尽职调查、可行性论证和中巴两国相关机构的审批程序，实现对目标公司 100% 股权的收购，总投资 8.6 亿美元。

本项目是在“一带一路”倡议背景下中资企业在海外水务投资领域的标志性项目，在“2017 易界胡润中国跨境并购百强”名单中位列第 36 位。中伦律师事务所作为买方中国葛洲坝集团海外投资有限公司的法律顾问，在巴西当地律师的协助下，为本项目提供了法律服务，包括进行法律尽职调查和出具尽调报告、参与设计交易架构及融资安排、起草和谈判交易文件、协助实施项目融资及协助项目交割。

●葛洲坝海投公司收购巴西圣保罗圣诺伦索公司 100% 股权

负责律师：

曾赞新

孙望清

吴亚铭

中信和凯雷收购麦当劳中国大陆和香港业务控股权

项目简介

2017 年 1 月，中国中信股份有限公司（以下简称“中信股份”，00267.HK）、中信资本控股有限公司（以下简称“中信资本”）和凯雷投资集团（以下简称“凯雷”，CG.NASDAQ，以上三者合称“收购方”）通过 Grand Foods Investment Holdings Limited（收购方境外设立的 SPV）间接收购麦当劳公司（以下简称“麦当劳”，MCD.NYSE）在中国内地和香港特别行政区业务控股权，并签署相关交易文件。2017 年 7 月 31 日，本次收购交割完成。中伦律师事务所张诗伟律师及其团队成员作为收购方聘请的境内专项法律顾问全程参与了本次交易。

中伦律师事务所作为收购方聘请的境内专项法律顾问，全程参与了本次交易，提供了包括中国法律尽职调查、麦当劳中国业务实体重组（包括但不限于主体、债务、特许经营权等）、中国境内审批及备案、交易文件审阅、交割等方面的中国法律服务。

本项目交易金额巨大，目标集团及其相关资产、业务的法律情况复杂，且交易双方系境内外知名的国有企业、跨国公司或投资集团，中伦律师事务所作为收购方聘请的境内专项法律顾问，在交易全程与交易双方、各境内外中介机构、监管部门进行了高效的沟通，充分体现了中国律师的专业性与国际性。

承办律所：中伦律师事务所。

负责律师：

张诗伟　　刘瑜霖　　李硕

阿里巴巴收购饿了么 100% 股权

项目简介

方达律师事务所代表阿里巴巴收购“饿了么”100% 股权，收购价格约 95 亿美元。该交易于 2018 年 5 月 8 日交割。方达团队由合伙人周志峰律师带领。

承办律所：方达律师事务所。

负责律师：

周志峰

涉外业务

德和衡助力全球电解金属锰生产领导者天元锰业完成跨境融资

项目简介

德和衡代表天元锰业全程参与了本项目，包括项目谈判、交易方案论证、采购、融资、担保等全套跨境交易文件的起草、审阅、修改、定稿及签约，并协助客户境外子公司的沟通协调等。凭借丰富的国际融资及交易经验，德和衡高效地组成专业团队，有效地协助客户完成了全天的项目谈判，随后继续为客户就交易文件提供高质量的法律服务，并协助客户与交易对方进行持续性沟通，获得客户高度认可。

承办律所：德和衡律师事务所。

欧盟热轧钢板桩反倾销案

承办律所：国浩律师（北京）事务所。

项目简介

2018 年 5 月 24 日，应申请方于 2018 年 4 月 10 日提交的申请，根据欧盟理事会关于保护欧盟不受来自非欧共体成员国家倾销进口的侵害的第 2016/1036 号条例，欧盟在其官方公报上发布第 2018/C177/05 号实施条例，启动对华热轧钢板桩的反倾销调查。本次反倾销调查，倾销和损害的调查期均为 2017 年 4 月 1 日至 2018 年 3 月 31 日。损害评估趋势期为 2015 年 1 月 1 日到 2018 年 3 月 31 日。鉴于本案只有辽宁紫竹集团回复并填写了欧委会发布的抽样问卷和生产要素问卷，所以欧委会于 2018 年 6 月 22 日发布了不抽样的公告。辽宁紫竹集团成为本案唯一应诉企业。

国浩律师（北京）事务所接受委托后，组建了专业的中、欧律师团队，带领辽宁紫竹集团于 2018 年 6 月 25 日至 10 月 1 日期间提交了多次替代国抗辩，完成并提交了反倾销问卷、两次补充问卷，接待了欧委会四名调查官员长达两周的实地核查。2018 年 12 月 22 日至 2019 年 2 月 20 日，辽宁紫竹集团及律师团队针对欧委会的实地核查报告发表评论意见并申请召开了听证会。

2019 年 2 月 22 日，欧委会发布了本案的初裁，裁定辽宁紫竹集团获得零税率。2019 年 7 月 4 日，欧委会发布终裁，鉴于申诉方递交了撤回本案的申请，欧委会接受这一申请，同意申诉方撤回本案。至此，经过长达一年两个月的努力，辽宁紫竹集团在本案获胜，维护了合法权益。

负责律师：

胡静

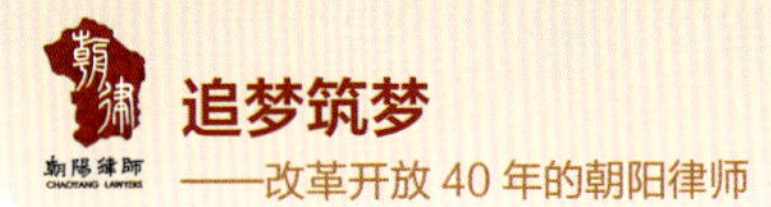

蒙古国巴格诺尔火电特许经营项目

项目简介

北京市中伦律师事务所为中国核工业第二二建设有限公司蒙古国巴格诺尔两台单机容量 350MW 的超临界燃煤坑口电站特许经营项目提供了全过程法律服务。

巴格诺尔电站项目是中蒙在能源领域顺利合作的一个标志性项目，是中国企业在蒙开工建设的第一个大型电站项目。该项目作为将中国“一带一路”倡议与蒙古国“草原之路”倡议进行战略对接的重点项目，将为蒙古经济建设提供强有力的电力保证，极大促进中蒙两国在电力、环保产能和先进装备制造领域的深度合作。

巴格诺尔电站项目位于乌兰巴托市东部约 150 公里，采用 BOT（建设 - 经营 - 转让）模式，特许经营期 25 年，预计总投资约 10 亿美元。自 2014 年至今，中伦王霁虹律师团队为项目提供了包括交易架构设计、《特许权协议》等在内的十多个交易文件的起草、修改与谈判、蒙古国政府审批、尽职调查、土地、用水、劳动用工、建设期、中信保承保、融资等全过程的法律服务。

承办律所：中伦律师事务所。

负责律师：

王霁虹

德和衡代表美国中国总商会参与应对美国 301 调查

项目简介

北京德和衡律师事务所合伙人、华盛顿分所执行主任刘馨泽律师代理“美国中国总商会”，陪同总商会徐辰会长出席2017年10月10日在华盛顿特区召开的301调查的公开听证会并进行答辩。北京德和衡律师事务所全力配合“美国中国总商会”，代表在美国的1500余家中国企业成员的共同利益，发声反对美国政府启动此次301调查。

承办律所：德和衡律师事务所。

负责律师：

蒋琪

刘馨泽

知识产权业务

《国际影视版权授权协议范本》发布，助力中国影视“走出去”

项目简介

《国际影视版权授权合同范本》由北京市高级人民法院指导，中国广播电影电视社会组织联合会电视制片委员会、中国互联网协会网络版权工作委员会组织起草，由北京天驰君泰律师事务所的郭春飞律师、张松律师主笔，以中英文两种语言拟就。

承办律所：天驰君泰律师事务所。

●《国际影视版权授权协议范本》发布仪式

负责律师：

郭春飞　张松

连续十年出版《中国知识产权指数报告》

项目简介

高文研发的《中国知识产权指数报告》已经连续10年出版，是探索知识产权与经济发展研究的最重要的基础教材，已经成为世界知识产权组织每年收录的重要文献。

10年间，高文课题组坚持专业、独立、客观的学术态度，在广泛调研征询意见、收集援引权威数据的基础上，逐步修订完善，使《中国知识产权指数报告》拥有了一套较为完善、科学的指标体系。

承办律所：高文律师事务所。

●《中国知识产权指数报告》10周年发布会

负责律师：

王正志　商家泉

奥运会业务

为北京奥组委提供全面法律服务

项目简介

自 2002 年金杜律师事务所正式受聘担任第 29 届奥林匹克运动会组织委员会（北京奥组委）的常年法律顾问以来，金杜律师事务所在大型体育赛事的赛事组织、市场开发、知识产权保护、电视转播、文化宣传、场馆建设以及体育纠纷的解决等方面积累了丰富的经验。金杜律师事务所设有奥运法律服务工作组。金杜律师事务所积极参与国家在奥林匹克知识产权保护以及反兴奋剂等方面的立法工作，与相关政府部门及社会团体建立了良好的工作关系。

承办律所：金杜律师事务所。

为北京 2022 年冬奥会和冬残奥会提供知识产权法律服务

项目简介

天驰君泰律师事务所成功中标北京冬奥组委知识产权法律服务项目，为冬奥知识产权保护提供法律支持。郭春飞律师、张松律师主要提供著作权方面的法律服务，她们与冬奥组委法律部合作，凭借精湛的专业知识和英语水平提供了高水平的服务，得到司法部领导和相关人员的高度肯定。

承办律所：天驰君泰律师事务所。

负责律师：

郭春飞　　张松

建设工程与基础设施建设业务

雄安新区政府法律顾问服务

项目简介

北京大成律师事务所高度重视并愿意为雄安新区法治建设提供相应支持。2017 年 4 月 1 日，雄安新区正式宣布成立。大成 Dentons 全球董事局主席、北京大成律师事务所主任彭雪峰律师立即指派北京大成律师事务所全球公共政策及监管专业组中国区牵头人阴颖晖律师牵头组成北京大成律师事务所雄安新区律师团队。大成雄安律师团队于 2017 年 4 月 5 日主动赶赴雄安，服务国家重大战略，助力千年大计。

2018 年 1 月 29 日，北京大成律师事务所与河北雄安新区管理委员会签署《常年法律顾问服务协议》，受聘担任河北雄安新区常年法律顾问。2018 年 8 月，大成雄安律师团队又以第一名的成绩成功中标雄安新区土地储备中心律师事务所项目，进一步助力雄安新区法治建设工作。法律顾问项目实施以来，大成雄安律师团队始终谨记“世界眼光、国际标准、中国特色、高点定位”的雄安要求，将创造“雄安质量”作为各项法律顾问服务的目标，用专业能力、专业精神，高效完成了各项工作任务，为雄安新区的规划、建设提供了有力支援。

承办律所：大成律师事务所。

●阴颖晖律师代表大成与雄安新区管委会签订常年法律顾问服务合同

●阴颖晖律师团队参加雄安新区城乡管理服务中心专项法律服务研讨会

负责律师：

阴颖晖

京锡高速 PPP（政府和社会资本合作）项目

项目简介

京锡（克什克腾旗至承德）高速公路 PPP 项目，总投资 274 亿元人民币，于 2015 年被财政部列为“财政部第二批 PPP 示范项目名单”。京锡（克什克腾旗至承德）高速公路北起内蒙古赤峰市克什克腾旗的蒙冀交界的十二联营，向南经御道口、郭家屯，凤山、滦平、长山峪、涝洼到北营房与丹锡高速相接，南至承德市与规划的承平高速相接，推荐路线全长 247 公里。京锡（克什克腾旗至承德）高速公路 PPP 项目的项目所在地为承德市。承德市人民政府作为项目发起人，承德市交通运输局作为承德市政府确定的项目实施单位。

2015 年 7 月承德市交通运输局与北京市尚和律师事务所签订京锡（克什克腾旗至承德）高速公路 PPP 项目法律服务合同。京锡（克什克腾旗至承德）高速公路项目建成后，将形成北京至围场坝上景区的旅游高速、成为内蒙古“融入京津、转身向海”的一条便捷通道，同时促进内蒙古的旅游资源开发和草原蒙元文化的传播，对贯彻落实国家“一带一路”倡议、完善国家高速公路网及自治区公路网功能、改善区域交通运输条件、带动区域社会经济发展均具有重要的意义。

承办律所：尚和律师事务所

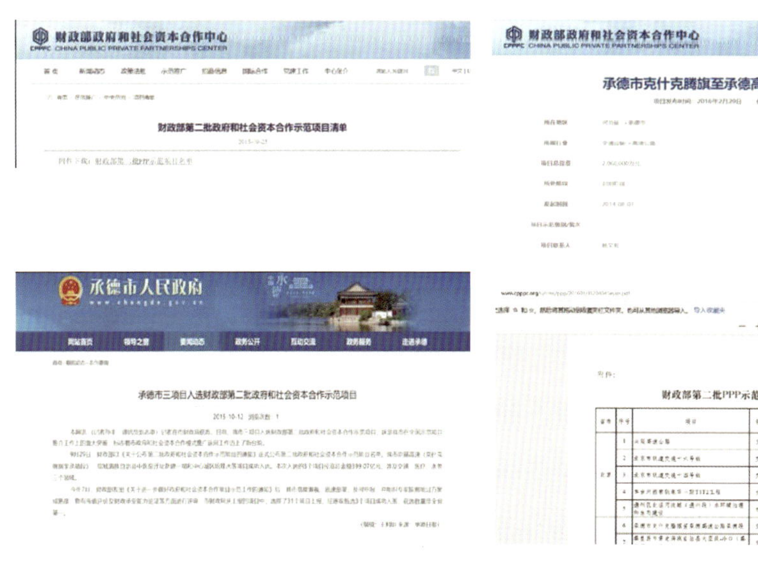

负责律师：

受聘为老中铁路提供法律支持

项目简介

北京市中伦律师事务所王霁虹律师团队是老中铁路有限公司的常年法律顾问，就老中铁路公司在实施老中铁路项目磨丁至万象段过程中遇到的各类法律问题提供法律咨询服务。

老中铁路项目的磨丁至万象段（老挝境内部分）全长418公里，总投资374.25亿元，是有中国主导的具有标志性和重大意义的跨境铁路项目，承担着亚洲铁路连通第一步的重任，是第二届“一带一路”国际合作高峰论坛的示范项目。

老中项目实施地点在老挝，并且跨越不同区域，需要遵守老挝在工程建设、质量、安全、环保、征地、拆迁等方面的法律法规，王霁虹团队作为律师团队的牵头人与老挝当地合作律师保持密切沟通，就项目在建设过程中遇到的问题，结合老挝当地法律法规提供建议和解决方案。

承办律所：中伦律师事务所。

负责律师：

王霁虹

朝阳区 CBD 核心区二期土地一级开发项目（大型拆迁安置项目）

项目简介

该项目位于朝阳区 CBD 核心区的二期土地一级开发项目是北京市的重点工程，于 2010 年底正式启动，涉及拆迁总体面积约为 34000 平方米，总投资估算为 97.48 亿元。在拆迁大环境欠佳、开发商项目普遍补偿较高的情况下，快速、妥善地处理好拆迁居民的安置工作，关系到首都的和谐与稳定，也成为政府面临的重大考验。

兰台作为该项目的专项法律顾问，在项目建设的前期协助完善相关审批手续；在工程建设过程中提供个性化法律服务措施，保障项目用地、施工过程符合相关法律法规；就项目建设中遇到的具体问题提供口头或书面的法律咨询意见。在兰台律师的积极参与下，CBD 核心区二期土地一级开发工程进展顺利。其拆迁方式也得到了大部分拆迁居民的认可与支持，已于 2011 年上半年圆满完成所有居民户（564 户）的拆迁腾退任务，创造了首都政府拆迁项目速度上的奇迹。

承办律所：兰台律师事务所。

负责律师：

姚晓敏　尚娟

北京环球主题公园及度假区项目

项目简介

承办律所：中伦律师事务所。

北京环球主题公园及度假区项目（以下简称“项目”）位于北京市通州区。项目的合资公司——北京国际度假区有限公司于 2017 年 12 月 12 日成立。项目规划选址 4 平方公里，其中核心区占地 1.2 平方公里，非核心区占地 2.8 平方公里。项目总建筑面积约 202 万平方米，其中核心区建筑面积约 79 万平方米。项目是环球影城全球第 6 个、亚洲第 3 个主题公园，建成后将是全球最大的环球影城主题公园。

作为项目的中国投资方——首寰聘请的唯一中国法律顾问，在近 5 年的时间里，中伦律师事务所代表首寰与美方代表就项目的商业协议进行了数十轮的谈判。

中伦律师团队在朱茂元律师的统筹和协调下，组成了一个多专业支持的工作团队，为项目提供了全业务、全流程的法律服务。张华、余昕刚、程芳、穆耸律师分别带领律师团队负责项目的商业运营、合资公司组建、知识产权、土地利用、主题公园开发及建设等方面的业务。未来，中伦律师事务所还将在建设工程、融资、商业运营、劳动法等领域为项目提供持续的法律服务。

负责律师：

朱茂元　程芳　穆耸　张华　余昕刚

朝律

朝陽律師
CHAOYANG LAWYERS

追梦筑梦　奋进40年
朝阳律师回顾律师制度恢复40年展

第六部分

扎根沃土　蓬勃发展

朝阳律所故事

从1978年起，改革开放的大潮开始在中国大地涌动，一大批律师事务所顺应需要,脱颖而出，扎根朝阳。40年来，这些律所依托于朝阳区雄厚的发展基础和独特的区位优势，实现了一次又一次的跨越式发展；强烈的精英聚集效应创造出多个“全国第一”“全国之最”。他们不仅是改革开放的亲历者、见证者，也是历史成绩的建设者、受益者。他们步履不停，不断发展壮大，汇聚成为中国律所发展的重要篇章。

导言

北京律师行业的发展在全国处于领军地位，而朝阳区律所更是王冠上最亮的那颗星。目前北京市朝阳区共有律师事务所1000余家，约占全国律所总数的3%，其中既包括金杜、中伦等顶尖大所，也不乏环球、通商、海问等资深强所，朝阳之于中国律师行业可谓牵一发而动全身。

本次“改革开放40年中的朝阳律师”展览特策划律所故事版块，以律所发展与经济发展的同步关系为主线，自律师制度恢复始，以邓小平南方谈话、中国加入WTO为主要节点，划分为三个主要历史阶段。从律所的角度，回望朝阳律师行业过去的40年。

时光回到40年前，属于朝阳区律师协会的故事才刚刚开始。

开端，启明之始

1979年7月1日是中国立法史的新开端，在第五届全国人民代表大会第二次会议上，七部法律破茧而出，其中就包括对中国律师行业影响深远的《中华人民共和国刑事诉讼法》，其第四章第二十六条明确规定“律师是位列第一的辩护人”，律师这一职业重新被提及。

同年9月，中华人民共和国司法部重建，曾任华东政法学院首任院长的魏文伯任部长。同年12月，司法部颁布了《关于律师工作的通知》。自此，中国律师行业重获曙光。

朝阳区律所的开端

——北京市朝阳区法律顾问处

1980年8月26日，关于律师制度的第一部法律《中华人民共和国律师暂行条例》出台，其第1条开宗明义的规定“律师是国家的法律工作者”“律师执行职务的工作机构是法律顾问处”以及“法律顾问处的性质为事业单位”。

这一时期中国律师制度迎来了全面的恢复和重建，而北京市朝阳区无疑走在了最前列。

1980年，北京市朝阳区第一家法律顾问处——北京市朝阳区法律顾问处成立。

●北京市朝阳律师事务所早期文件

经过几年的运行，法律顾问处的业务范围和性质已经远远超过“顾问”的范畴。1984年8月，司法部决定将“法律顾问处”统一改为“律师事务所”。

改革开放后成立的第一家律师事务所

——环球律师事务所

1984年，中国国际贸易促进委员会法律顾问处正式改名为环球律师事务所，这是我国改革开放后成立的第一家律师事务所，集中了当时中国律师界的大批精英，被称为“律师界的黄埔军校”。自此，我国第一家全国性的对外独立从事国际经济贸易法律服务的律师业务机构诞生。环球律师事务所也是我国八大红圈所中历史最悠久的一家。

●环球律师事务所开业庆典

经过30多年的发展，环球律师事务所现已成为中国大型综合性律师事务所之一，业务领域涵盖银行、保险、证券、投资、能源、商业、电信、文化传媒、高科技、房地产等众多行业和领域。

首批取得证券法律业务执业资格的律所之一

——康达律师事务所

早在 1979 年，刚过而立之年的付洋律师被分配到全国人大法工委工作，从此与法律结缘。“文革”后中国法制百废待兴，在随后的 9 年间付洋律师参与了 40 余部法律的制定与修订。1988 年 8 月，付洋离开全国人大法工委，在北京春秀路空军干休所成立了康华律师事务所，并任事务所主任，郑小虎律师任办公室主任。

1989 年 12 月，司法部批准康华律师事务所更名为康达律师事务所，隶属司法部管理。康达律师事务所是首批取得司法部和中国证券监督管理委员会授予的证券法律业务执业资格的律师事务所之一。虽然现在付洋律师已经退休，但康达律师事务所已成为一家在全球拥有 12 家分所，600 余名执业律师的大型综合性律所。

●康达律师事务所 30 周年庆典合影

第一家合作制律师事务所

——经纬律师事务所

1988 年 6 月 3 日，司法部发布《关于下发〈合作制律师事务所试点方案〉的通知》，我国第一批被批准合作制试点的律师事务所开始登上历史舞台，我国律师行业由此迈出了“改变国家包办律师事务所的重要一步”。两年内，第一批被批准合作制试点的经纬律师事务所、北方律师事务所、大地律师事务所以及君合律师事务所先后成立。

1988 年 7 月，原北京第一律师事务所副主任王以岭律师与其他四位执业律师共同创办了北京市第一家合作制律师事务所——经纬律师事务所。在经纬律师事务所的发展史上拥有诸多第一或最先的业绩，例如：承办了北京市第一起版权知识产权纠纷案；最先承办北京市企业改制与股票发行上市专项法律服务；最先为住房抵押贷款、中小企业知识产权质押贷款提供法律服务等。

经纬律师事务所

群雄逐鹿，风云起

20世纪80年代，我国律师行业在体制内调整与革新，20世纪90年代中国律所逐步走向市场化，尤其是在1992年邓小平南方谈话后，第二批律所合作制试点开放，中伦、金杜、大成、隆安、通商、海问等大批律师事务所先后成立。律师业务的类型也变得多样化，除传统的诉讼业务外，房地产、仲裁、知识产权等新兴业务也开始出现。

中国较早设立国际分所的律所之一
——中伦律师事务所

1991

1991年底，国务院在《关于全面进行城镇住房制度改革的意见》中明确了城镇住房制度改革的总目标，我国房地产改革浪潮兴起。一年后，张学兵律师和几位中国法律服务中心的同事创立中伦律师事务所，在提交给北京市司法局的《关于成立中伦律师事务所的可行性报告》中集中论述了“成立主要从事金融、房地产法律业务的合作制律师事务所的必要性和迫切性”。

随后，中伦律师事务所通过自身的努力以及行业的持续推动，拓展了律师进入非诉业务领域的空间，将律师服务贯穿从拿地、开发、建设、销售、抵押贷款，到租赁、物业管理等地产开发的全过程。直到现在，中伦律师事务所仍是房地产业务领域的王牌律所。

2000

2000年4月12日，北京市司法局印发《关于批准成立北京市中伦金通律师事务所（合伙）的决定》（京司发〔2000〕61号），中伦律师事务所与金通律师事务所合并，名称变更为北京市中伦金通律师事务所，在2008年7月16日又恢复为“北京市中伦律师事务所”。

2006

2006年，中伦律师事务所第一家海外分所，日本东京分所成立。在日本海外市场业务中，获得成功的首要原因在于熟悉日语语言技能并对并购、反垄断等前沿法律问题有深入研究的吴鹏加入中伦律师事务所，也正是如此，中伦律师事务所能够抢先占领日本在华业务这一空白市场。

东京分所的成立，是中伦律师事务所继上海、深圳、广州分所设立之后，在海外设立的第一家分所。

● 2009 年 10 月中伦香港分所成立

● 2016 年 11 月中伦第一家海外分所日本东京分所正式成立

2009

2009年10月16日，北京市中伦律师事务所香港分所成立。根据两地对跨法域执业的相关规制，香港办公室与何嘉杰律师事务所进行联营。2012年5月2日，中伦律师事务所伦敦分所开业。

如今，中伦律师事务所拥有310多名合伙人以及超过2100名专业人士，办公室分布在北京、上海、深圳、广州、武汉、成都、重庆、青岛、杭州、南京、香港、东京、伦敦、纽约、洛杉矶及旧金山16个城市，业务范围遍及全球60多个国家和地区。通过合理的专业分工和紧密的团队合作，中伦律师事务所已成为中国法律服务市场中最具代表性的律所之一，有能力在各个领域为客户提供高质量的法律服务。

●隆安律师事务所

中国最早的合伙制律师事务所之一

——隆安律师事务所

“同兴隆，共平安”。1992 年，于北京大学毕业后分配到最高人民检察院做检察官的徐家力与在最高院工作的李京生决定跳出体制，成立隆安律师事务所，这是国内第一家全部由法学硕士研究生组成的律所。

1996 年 9 月 20 日，徐家力、李京生、李大中（1994 年加入隆安）作为隆安律师事务所创始合伙人，经北京市司法局批复，改制为合伙制律师事务所。

目前隆安律师事务所已成为拥有执业律师 1200 余人，员工总数超过 1400 余人。在北京、上海、沈阳、深圳、广州、南京、天津、济南、苏州、南通、株洲、大连、香港、太原、杭州、武汉、贵阳、成都、湖州、昆明、扬州、郑州、重庆、佛山、芜湖共 25 个城市设有办公机构。此外，隆安律师事务所还与多家外国律师事务所建立了广泛的跨国合作关系。

伴随中国资本市场成长的律所

——海问律师事务所

1988 年，高西庆和王波明等人共同撰写了《关于促进中国证券市场法治化和规范化的政策建议》（日后这份建议被誉为“中国证券市场的白皮书”）以及《中国证券市场创办与管理的设想》。

1991 年，留美归来的高西庆等人成立了海问证券投资咨询事务所，主要协助企业进行股份制改革和上市。1992 年，高西庆争取到参与北京市司法局合作制律师事务所试点的机会，连同何斐、赵燕等 6 名合伙人以海问咨询的法律骨干为班底，创立北京市海问律师事务所。创立初期，海问律师事务所和海问咨询互相协调补充，为客户提供全方面的改制服务，成功完成了青岛啤酒、仪征化纤、庆铃汽车等企业的改制和境外上市，沈阳金杯汽车的规范化重组及上海证券交易所挂牌。此后，海问律师事务所独立发展，参与并见证了中国资本市场诸多的“第一次”，例如：第一批的若干 A 股发行及上市项目；第一个 B 股发行及在上海证券交易所上市项目；第一个 H 股发行及在香港联合交易所上市项目；第一个 N 股发行及在纽约证券交易所上市项目；第一个 L 股发行及在伦敦证券交易所上市项目；第一个中国发行人美国存托凭证（ADR）发行项目；第一个中国发行人在香港联合交易所和上海证券交易所两地上市项目；第一个中国发行人在香港联合交易所和纽约证券交易所两地上市项目；第一个中国发行人在上海证券交易所、香港联合交易所和纽约证券交易所三地上市项目；第一个中国发行人在上海证券交易所和香港联合交易所两地同步上市项目；第一个外国投资人对 A 股上市公司进行全面要约收购项目。

●海问律师事务所

在最初的证券业务基础上，海问发展出公司并购、基金设立及投资、银行融资、争议解决与合规、税务、知识产权、破产重整、竞争法、娱乐法等业务，成为一家为客户提供全面商事法律服务的综合性律师事务所。目前，海问律师事务所在北京、上海、深圳、香港和成都设有办公室。海问律师事务所的专业服务得到了境内外客户以及国际法律和金融业内人士的广泛认可。

国内第一批从事境外资本市场业务的律所
——通商律师事务所

1992 年，中国企业开始走向境外资本市场，韩小京、刘钢和邸晓峰分别离开中国法律事务中心和中国国际律师交流中心，三人共同创立通商律师事务所，设立伊始，通商律师事务所主要代表中国的银行或者财团进行银行贷款和境外发债业务。

马鞍山钢铁和昆明机床两个 H 股上市项目，让通商成为国内第一批从事境外资本市场业务的律师事务所，也使其与境外顶级投行建立了紧密的合作关系。这是此后 20 多年里，我们总能在大型境外上市项目中看到通商律师身影的原因。

目前，通商律师事务所在上海、深圳设有分所，已发展成为一家以证券、投资、金融业务为主体的综合性律师事务所，合伙人 89 人，律师及律师助理 300 余人。所有律师均毕业于国内第一流的大学，在金融、证券、公司、投资、税务、贸易、房地产、诉讼与仲裁等领域有着多年的律师执业经验。

●通商律师事务所成立

●通商香港事务所开业

目前全球律师人数最多的律所
——大成律师事务所

1992

1992年，彭雪峰律师创建了北京市大成律师事务所，作为在北京市司法局批准的第二批合作制试点律所，大成在1994年1月1日登上了《法制日报》头版栏目“中国政法之最”，报道称大成是“中国最大的合作制律师事务所”，当时大成的执业律师已达72人。

2004

2004年，在王忠德律师的设计下，大成逐渐确立“议、决、行、监”相对分离的民主管理制度，由合伙人会议形成意见，董事局会议形成决策，管委会负责执行，监委会负责监督。在21世纪的前十年，大成在全国开疆拓土，扩大市场份额，建立国际网络，奠定了其“宇宙大所”的基调。

● 1994 年，大成律师事务所迁址民族文化宫

2010

2010年10月，大成律师事务所纽约分所在华尔街揭牌开业。大成律师事务所是中国大陆第一家在美国华尔街开设分支机构的律师事务所。

2015

2015年，大成律师事务所与Dentons律师事务所正式签署了合并协议，从而创建世界律师人数最多的律师事务所，合并后的大成律师事务所在全球50余个国家拥有超过6500名律师，成为全世界规模最大的律师事务所。对于大成而言，与Dentons的合并，无疑是其国际化战略中的重要一步。

未来，大成律师事务所将继续在国际法律服务市场上寻求志同道合的合作伙伴，加速推进大成律所的国际化进程，进一步完善全球化布局，为遍及全世界的客户提供更优质的法律服务，将中国律师的影响力贯彻到世界的每一个角落。

● 2004 年，大成律师事务所成立 12 周年总结展望大会

全球最具创新力的律所之一

——金杜律师事务所

1993

1993 年，在贸易促进会法律部工作的王俊峰发现，我国的律师事务所很少有从事国际法律服务的实践经验，常常在国际投资与经贸活动中被外国律师所轻视。于是，王俊峰和三位贸促会的同事，以及两位分别在最高人民法院、国家土地局工作的同学创办了金杜律师事务所。

创立伊始，金杜律师事务所就瞄准国内及对华投资企业，致力于为其提供国际一流水平的法律服务。基于当时的经济发展形势和相对集中的法律市场业务领域，金杜律师事务所形成了以外商投资和一般性涉外业务及涉外仲裁等为主的业务结构。

在创立的前 5 年，金杜律师事务所就展露出了要成为一家卓越律所的雄心，在 1996 年即完成了从一家提成制律所向一体化律所的转型，金杜律师事务所的平台化优势就此得以奠定。

司法部熊选国副部长视察金杜律师事务所

金杜律师事务所东京分所 15 周年庆典

2001

2001年，金杜律师事务所在美国旧金山设立了第一家海外分所——硅谷分所（2010年搬迁至帕洛阿尔托市）。

2005

2005年，金杜律师事务所意识到，中日两国未来必定会在世界经济、贸易、科技方面会有更多合作，于是成立了东京分所。2006年，金杜律师事务所创立的香港办公室是首家获得中国司法部批准在香港设立办公室的中国律所。2008年，纽约分所成立，搭建起链接中国境内与北美洲市场的桥梁。

2012

2012年3月1日，金杜律师事务所与具有180年历史的澳大利亚万盛国际律师事务所结成紧密联盟，初步形成了今天的金杜律师事务所。

2013

2013年11月1日，金杜律师事务所和国际律师事务所SJ Berwin结成全球法律联盟，继续拓展全球业务版图。金杜成为全球为数不多的，能在中国内地、香港、澳大利亚、英国、美国和欧洲等重要法域拥有执业能力的律师事务所。

从中国最先从事涉外法律业务、最早的合伙制律师事务所之一，到最具创新力的律师事务所，金杜律师事务所已经成为中国律所国际化的领航者。

为中国第一家股份制企业提供法律服务的律所

——中银律师事务所

1992

1992年下半年，郭峰、唐金龙、董安生、朱玉栓、江华、鲍卉芳、刘玉明“中银七君子”开始筹划创立合伙制律师事务所。1993年中银律师事务所获批正式成立，合伙人董安生律师担任中银律师事务所第一任主任。同年，中银律师事务所第一家客户“天桥百货”成功登陆上海证券交易所，中银律师事务所赢得了“为中国第一家股份制企业提供法律服务”的美誉。

2003

2003 年，中银律师事务所合并北京市元龙律师事务所，通过对事务所管理、业务和人员结构等进行调整、强化和发展，中银律师事务所进入稳步发展时期，业务量快速增长，“中银律师”的品牌影响力逐渐提高。

中银 – 力图 – 方氏（横琴）联营律师事务所正式成立

2008

2008 年，中银律师事务所与证泰律师事务所合并，并进行管理模式创新，实行以首席合伙人一票否决权为基础，事务所主任对首席合伙人负责的双核管理模式。

2016

2016 年，中银律师事务所与澳门力图律师事务所，香港方氏律师事务所共同组建的中银 – 力图 – 方氏（横琴）联营律师事务所正式成立，这是中国第一家由北京、香港、澳门三地合伙联营的律师事务所。

目前，中银律师事务所已在上海、天津、重庆、深圳、贵阳、成都、南宁、济南、福州、长沙、银川、南京、杭州、沈阳、西安、合肥等 25 个城市设有分支机构。现有律师和工作人员超过 2500 人，其中合伙人超过 300 名，执业律师超过 1600 名，中银律师事务所已成为规范化，专业化，规模化，国际化的大型综合性律师事务所。

一家传统与新型管理模式相结合的律所

——京师律师事务所

京师律师事务所成立于1994年，是一家传统与新型管理模式相结合的合伙制律师事务所。经过20余年的发展，京师分所数量达到47家，派驻律师170人。京师联盟律所已覆盖169个城市，共计320家，共设立海外联盟所113家。

京师律师事务所2018年在上海设立了国际总部，是京师品牌国际化战略的重要一步，旨在给海外113家联盟律所提供相应的支持，打造上海涉外法律服务聚集地，致力于为境内外客户提供全球视野下的解决方案。

京师所放眼全球宏观视野，积极推动全球网络布局的建设。从北京走向上海，京师上海国际总部的成立标志着京师踏上了国际化发展的新征程。

●赞比亚 KN KAUNDA ADVOCATES 律所加入京师律师联盟

国内建立较早、规模较大的综合法律服务机构

——京都律师事务所

1995

1995年，田文昌律师辞去中国政法大学法律系副主任后又辞去公职，创立了京都律师事务所。以田文昌为核心的教授、博士团队在诉讼法律服务领域纵横捭阖，京都的第一张王牌业务得以诞生。

2002

2002年，京都为满足法律服务市场的需求、完善律师管理水平以及提升律师专业能力，开始尝试转型，年底京都创收首次突破千万大关。

2011

2011 年，京都首次通过猎头公司找到管理合伙人。至此，京都律师事务所的综合化框架已经搭建完毕，进入快速发展时期。

如今，京都有能力在公司事务、证券与资本市场、投融资与并购、能源与环保、风险防控、海商海事、涉外投资、知识产权等方面为客户提供全方位、高水准法律支持与服务。京都目前拥有近 600 名执业律师，在上海、深圳、大连、天津、南京均设有分支机构。

● 1995 年建所时，北京市司法局颁给京都所的首块牌子

● 2015 年，京都律师事务所迎来 20 岁的生日，成功举办“依法治国与律师使命”大型主题公益论坛

● 1995 年，京都律师事务所创建前期，田文昌律师拜访江平教授，江平教授给予建所指导

中国较早跨地域合并发展的律所

——国浩（北京）律师事务所

1998年，北京市张涌涛律师事务所、上海市万国律师事务所、深圳市唐人律师事务所合并成立了国浩律师集团，并在司法部登记注册成为我国第一家集团律师事务所，张涌涛律师事务所也变成了现在国浩（北京）律师事务所。

早在1994年，北京市司法局批准了两家以个人姓名命名的律师事务所，其中一家是谢朝华律师事务所，另一家是张涌涛律师事务所。张涌涛律师在1989年曾执业于北京市君合律师事务所，在1993年曾参与发起成立北京市同达律师事务所，1994年又独立创办了北京市张涌涛律师事务所。

国浩律师事务所现已成为中国较大的法律服务机构之一，是投融资领域尤其是资本市场最为专业的法律服务提供者，在北京、上海、深圳、香港、巴黎、马德里、硅谷、斯德哥尔摩、纽约等32地设有分支机构。

国浩律师事务所现有600余名合伙人，90%以上的合伙人具有硕士、博士学位和高级职称，其中多名合伙人为我国某一法律领域及相关专业著名专家和学者。

国浩（北京）律师事务所成立时在人民大会堂前合影

知识产权领域的领先律师事务所之一
——正见永申律师事务所

早在1998年，ZY Partners（正见永申）成立之时，尚未明确定下业务方向，但是很快正见永申发现知识产权这一业务领域具有很大的潜力，于是决定在这一领域深耕，才有了正见永申如今在知识产权领域响亮的牌子，被公认为知识产权领域的领先律师事务所之一。

1996年，最高人民法院设立知识产权庭，但早在1994年，正见永申律师事务所(也就是当时的正见所)就在美国迪士尼公司诉北京出版社一案中为原告代理。直到现在，涉外的知识产权仍为正见永申律师事务所的主要业务领域。

ZY Partners致力于成为最好的，而不是最大的律师事务所，同时为客户提供高质量的服务。

世纪之交，百舸争流

2001 年，我国加入 WTO，开始撬动世界经济，开启了未来十几年经济高速增长的上行通道。我国在贸易、投资等领域的市场不断扩大，不断增长的法律服务需求拓宽了法律服务行业的业务范围。

在这样的时代背景下，我国律师行业逐步进入精细化运作时期，我国不同体量的律师事务所开始向国际化、规模化、精品化、专业化的道路分头并进。

竞天律师事务所与公诚律师事务所合并
——竞天公诚律师事务所

2000

2000 年，成立于 1992 年的竞天律师事务所与 1996 年成立的公诚律师事务所合并成立竞天公诚律师事务所。

竞天公诚律师事务所的律师均拥有良好的专业知识背景，多位律师曾在有关政府部门、国内外律师事务所和企业从事法律服务。其中，几位创始合伙人的执业经验更是引人注目：白维律师曾在中国环球律师事务所任职，彭学军律师和张绪生律师都曾工作于中国民用航空总局，彭光亚律师曾任职于中国专利局法律部和中国法学会天平律师事务所，张宏久律师担任过北京大学法律系经济法教研室教师并曾在中信律师事务所任职。

2015

2015年，为进一步加强境外资本市场业务领域的竞争优势，竞天公诚香港分所就与孖士打律师行（Mayer Brown JSM）建立联营关系。2018年7月11日，竞天公诚与孖士打律师行宣布，两家律师事务所达成全球合作共识。

●竞天公诚律师事务所香港分所成立

2019

2019 年 4 月，北京市竞天公诚律师事务所香港分所已经获得香港律师会批准，将于 2019 年 4 月 30 日与其香港联营律师事务所 L&C Legal LLP（罗陈律师事务所有限法律责任合伙）合并。

发展至今，竞天公诚律师事务所有能力在资本市场、兼并收购、海外投资、争议解决、私募股权投资等诸多专业领域为客户提供全方位的法律服务。

一家全球化法律服务机构
——盈科律师事务所

2001

2001年，郝惠珍、赵兴仁等律师创办了盈科律师事务所。在创办初期，盈科律师事务所就确立了“走出去“的发展理念，并在2001年底加入国际律师协会（IBA）。

2007

2007年4月，梅向荣律师加入盈科律师事务所。2013年10月，盈科律师事务所正式推出“权益高级合伙人制度”，在这项制度下，合伙人除了有工资、绩效，还有分红，分红每年随业绩的提高而不断提升，盈科律师事务所的大所气象由此铺开。

2010

2010年，盈科律师事务所开启国际化布局，先后在海外以合建法律事务部、业务共享、联盟、投资等方式设立34家办公室，覆盖韩国、以色列、意大利、瑞士、德国等55个国家的115个国际化城市。

● “新十年 新征程”盈科律师事务所成立10周年庆典

现在，盈科律师事务所已经是一家全球化法律服务机构，盈科律师事务所的10000余名员工，致力于为客户提供全球商务法律服务，为客户创造价值。

一家专注于高端商事法律业务的律师事务所

——安理律师事务所

2001年，王清友等7位律师共同成立了安理律师事务所。自成立伊始，安理律师事务所就秉持和践行“山止川行，臻于至善”核心理念，致力于为客户提供“专业化、全方位、前瞻性”的法律解决方案。

经过10余年的深耕发展，2018年12月，安理律师事务所与北京市中博律师事务所成功合并，转制为特殊普通合伙。2019年1月，安理律师事务所全国布局落子大湾区，设立深圳办公室。与此同时，安理律师事务所正在中国经济发展最为充分、商业活动最为活跃的关键战略性城市和地区设立分支机构，构建更为完善的法律服务网络。

自成立以来，安理律师事务所不断深化和拓展法律服务领域，日渐在金融与资本市场、商事诉讼与仲裁、房地产与建设工程、互联网与人工智能、国际贸易、反垄断等业务领域中具备相当竞争力，并以全方位、多层次、一体化的服务模式最大程度上为客户实现商业目标保驾护航。

时至今日，安理律师事务所已在深圳、天津、南京、呼和浩特、郑州设立分所，拥有合伙人、执业律师、律师助理、律师秘书及支持保障人员逾420人，安理律师事务所已逐渐成长为一家专注于高端商事法律业务的中国律师事务所。

安理律师事务所成立15周年庆典合影

一体化运行机制、在多业务领域深度实践的综合性律师事务所

——兰台律师事务所

兰台律师事务所是一家中国律师行业中规模较大并在多法律专业领域拥有深度实践经验和领先业绩的大型综合性律师事务所。

2002年5月20日，《关于批准成立北京市兰台律师事务所（合伙）的决定》（京司法〔2002〕98号）印发，杨光、江迎春、杨强、姚晓敏等律师发起创办，开启了兰台律师事务所的发展之路。

2003年5月20日，兰台律师事务所成立一周年。自成立以来，兰台律师事务所致力于为客户提供“心想、事成、不逾矩”的优质法律服务，一直活跃于市场前沿并赢得客户信赖和同业尊重。

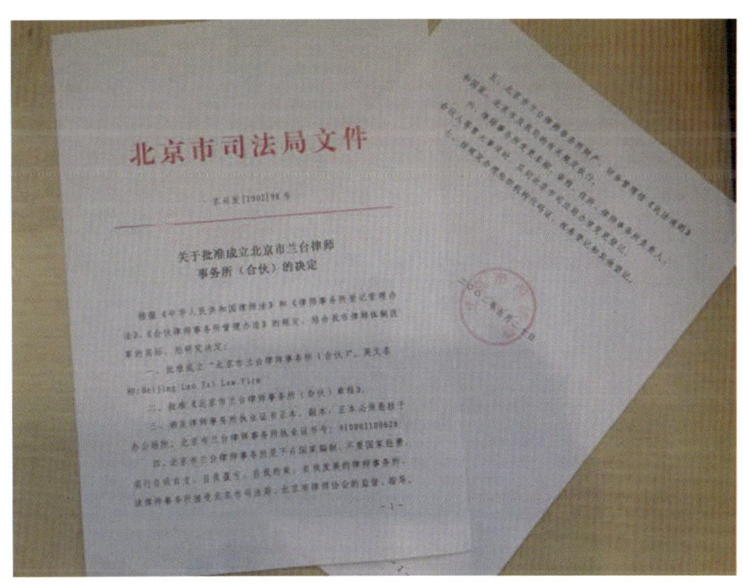
北京市司法局文件

关于批准成立北京市兰台律师事务所（合伙）的决定

●批准成立文件

●兰台律师事务所成立一周年

今年，律师制度恢复 40 周年，兰台律师事务所已拥有 400 余名律师、代理人及专业人员，70% 以上的律师拥有硕士或博士学位，绝大多数律师毕业于国内外著名法律学府，并拥有在中国最高司法机关、中央国家机关或国际知名律师事务所工作或执业的经历。专业分工下的精深法律服务经验，结合一体化作业下的全方位综合法律服务，保障兰台律师事务所能够体系化地全面响应并支持客户的法律服务需求。在资本及负债项下业务、国际贸易及反倾销、跨境投资、高科技与风险投资、知识产权保护、房地产及基础设施、劳动关系、政府及公共事务、刑事、破产及破产重整、信托和资产管理、银行业务、项目融资、融资租赁、金融衍生产品、保险、商事合规以及各类复杂争议解决等各类法律服务领域取得成就。

2003 年 4 月，兰台律师事务所党支部成立；2014 年 6 月，兰台律师事务所党总支成立；2018 年 12 月，兰台律师事务所党委成立。目前，兰台律师事务所党员总数 140 人，设有 7 个党支部（含 1 个联合党支部）。多年来，兰台律师事务所始终坚持党组织与律所决策并轨、党组织与管理人员并轨、党建与律师考核并轨，形成了专业、务实、长效、深度党建的“四四模式”，实现了党建与所建共生、共融、共同发展的良好局面。兰台律师事务所党组织也连续多年被北京市律师行业党委评选为“先进党组织”，2019 年被评为“全国律师行业先进党组织”。

兰台律师事务所庆祝共和国 70 华诞

兰台律师事务所党委成立

兰台律师事务所以未来为导向，创设并深度践行“统一收入、统一支出、统一收益率、统一配置作业资源”的一体化运行机制，为客户、为律师、为行业、为社会提供契合发展趋势的第三种选择，彰显兰台律师事务所机制的力量。

中国第一家在伦敦和利雅得设立分所的律师事务所

——中伦文德律师事务所

2003年9月，中伦文德律师事务所正式创立于北京。在中伦文德律师事务所的历史上，其全球化布局伴随着许多备受业界瞩目的“第一”：中伦文德律师事务所是中国第一家在英国伦敦和沙特利雅得设立分所的律师事务所，2010年中伦文德律师事务所加入INTERLAW国际律师联盟，是目前为止中国大陆唯一一家加入该组织的律师事务所。2016年，中伦文德律师事务所发起成立了全球第一家由中国人主导的国际律师组织——全球法律联盟。

2016年5月19日，香港胡百全律师事务所、北京市中伦文德律师事务所、北京市惠诚律师事务所、英国DKLM律师事务所、美国黄唐马文律师事务所、沙特Naji律师事务所、塞浦路斯Total Service律师事务所和意大利以及荷兰律师事务所等11家律师事务所和法律机构自发组织成立全球法律联盟（GLA）。GLA联盟不仅可以为全球范围内法律职业共同体提供交流合作的平台，其年度论坛更可为中国企业提供全球范围内的商机与投资机会。

目前，中伦文德律师事务所现有执业律师及专业人员1000余名，总部位于北京，并在上海、成都、天津、太原、武汉、广州等内地城市设有分所，在伦敦、利雅得、巴黎、里昂等欧洲和中东地区的主要城市设立服务机构，现已成为一家扎根于中国并面向国际化发展的大型综合性律师事务所。

●全球法律联盟（GLA）首届全球年会

致力于国际商事仲裁和涉外诉讼业务的律师事务所

——方达（北京）律师事务所

2004年，对于方达律师事务所而言是具有里程碑意义的一年。这一年，方达（北京）律师事务所成立，当时方达上海办公室的周志峰、深圳办公室的丁继栋，加上谢尔曼·思特灵香港办公室的周传杰以及从美富北京办公室加盟的季翔，一起北上。

方达（北京）律师事务所的执业团队在并购、私人股本投资和资本市场交易方面具有很强的实力，在为跨国公司客户提供服务方面享有良好的声誉。

金诚律师事务所与同达律师事务所合并

——金诚同达律师事务所

2004年，金诚律师事务所与同达律师事务所决定合并成立金诚同达律师事务所。金诚律师事务所与同达律师事务所均成立于20世纪90年代，1992年出身银行系统的刘红宇律师与郑斌律师创立了同达律师事务所，在当时女性律师事务所主任是非常稀缺的。1993年，贺宝银、刘治海、杨建津、庞正忠、田予、于德彬6名创始合伙人希望可以将法学理论与实务相结合，成立了金诚律师事务所。

早在1997年，同达律师事务所就曾与南华律师事务所合并，2001年金诚律师事务所与力格律师事务所和并， 2011年，兰岚带领的Neal团队加入金诚同达律师事务所，共同打造国内律师事务所航母，开拓规模化、国际化、综合化大型律师事务所模式。

经过多年发展，金诚同达律师事务所在上海、深圳、合肥、成都、杭州、南京、西安、沈阳、济南设立9家分所。在公司、证券、金融、房地产、项目融资、基础建设、资产管理、保险、并购、税务等领域保持领先。金诚同达已发展成为中国境内最富活力的律师事务所之一。

北京市委常委、统战部部长齐静同志莅临金诚同达律师事务所调研北京律师行业统战工作

“不忘初心　牢记使命”主题教育——《我和我的祖国》观影活动

泰和泰律师事务所全国布局的开端

——泰和泰（北京）律师事务所

2003 年，刚刚成立三年的泰和泰律师事务所进军北京法律服务市场，成立了泰和泰（北京）律师事务所。当时的泰和泰律师事务所刚刚突破百人规模，与香港胡关李罗律师行达成长期合作。

2005 年泰和泰律师事务所变革管理体制，2007 年成为四川创收最高的律师事务所，泰和泰律师事务所的每一步都体现了其锐意进取的风格。不仅如此，泰和泰律师事务所在业务合作中的“5+1 模式”（1 个主协调律师 +1 个组长 +1 个主办律师 +1 个协办律师 +1 个团队支持）也一直为业界所称道，所谓“泰和泰现象”，就源于其大刀阔斧的布局和独特的模式。

●泰和泰（北京）律师事务所成立

华沛德律师事务所与德权律师事务所合并

——华沛德权律师事务所

2004 年，德权律师事务所与华沛德律师事务所合并成立北京华沛德权律师事务所。

历经 10 余年的稳步发展，华沛德权律师事务所已成为以知识产权、公司法律为主导，各专业领域并重的精品型律师事务所，在深圳、天津、武汉、南京、沈阳、成都、嘉兴、惠州等地设有办事机构，与世界主要国家的公司法律和知识产权服务机构建立了广泛的合作关系，形成了全面的国际化商务法律服务体系。

●华沛德权律师事务所所获荣誉

北斗律师事务所与鼎铭律师事务所合并

——北斗鼎铭律师事务所

2004年，成立于20世纪90年代的北斗律师事务所与鼎铭律师事务所决定合并。早在1993年8月28日，李永乐等8名出身于北京市各级法院、检察院系统的合伙人在什刹海湖畔成立了北斗律师事务所，是当时就拥有独立“律师楼”的少数律所。而北京鼎铭律师事务所则是在1995年由李杰等来自最高人民法院的合伙人创立。

如今，北斗鼎铭律师事务所已经从北京总所发展出广州分所、南京分所、昆明分所、哈尔滨分所，甚至拉萨分所，其影响力逐步向全国扩张，而国际合作的律师事务所更是包括了美国、英国、澳洲、日本、韩国等数十个国家。北斗鼎铭律师事务所正朝着大型化、国际化、全方位服务的一流事务所方向前进。

●北京外企国际商务有限公司与北京北斗鼎铭律师事务所战略合作仪式

浩天律师事务所与李文律师事务所合并

——浩天信和律师事务所

2007年，浩天律师事务所与李文律师事务所合并为浩天信和律师事务所。浩天律师事务所与李文律师事务所均创立于20世纪90年代，曾先后被北京市司法局授予“北京市优秀律师事务所”称号。

这一次的升级在本质上是两家律师事务所的强强联合与优势互补：当时的浩天律师事务所，以传统业务中的争议解决、知识产权、房地产、公司证券为优势。而李文律师事务所，则在涉外等非诉业务上颇有竞争力，两相结合正好各取所长。

目前，浩天信和拥有合伙人300余名，总部设在北京，在上海、广州、深圳、南京、杭州、重庆、成都、贵阳、长沙、济南、合肥、南宁、银川、沈阳、温州、江阴、东莞、三亚、香港等重点城市设有办公室。通过加入TerraLex联盟，浩天信和在全球100多个国家和地区拥有150多家合作律师事务所，能够为客户提供全方位的专业服务。

“浩天信和，公益有我”活动合影

国内第一家专业化税务律师事务所
——华税律师事务所

华税律师事务所成立于2007年，是国内第一家专业化税务律师事务所，是中国知名的税法服务机构，致力于为客户提供税务争议解决、税务稽查应对、税务筹划、公司法等法律服务。华税凭借“税务+法律”的专业优势，尤其擅长为客户复杂、棘手的税务问题提供最佳解决方案。

华税律师事务所多次作为专家代表参加全国人大、国务院、财政部、国家税务总局等机关的税收立法工作。华税律师事务所先后代理超过1200件疑难税务争议案件，有效维护了纳税人的合法权益。本土化的立足使得华锐律师事务所对中国税务问题的理解与把握更为精准，和有关政府部门的联络与沟通更为通畅。

华税律师事务所始终坚持合作共赢的服务理念，旗下拥有华税税务师事务所（5A级）、华税学院等机构，满足了市场多元化的涉税服务需求，实现了客户更大的商业成功。

第四届中国税务律师、税务师和税法研究生暑期学

2014 中国税法论坛

以成为国际性的大型综合性服务机构为目标

——北京高文律师事务所

高文律师事务所的前身是全国首批涉外专利代理机构高博隆华专利代理所，2010 年 5 月 20 日，经北京市司法局批准更名为北京高文律师事务所 。

历经 10 余年的风雨洗礼，如今的北京高文律师事务所已经发展为涵盖知识产权、公司法、诉讼仲裁、刑事辩护、海事海商、银行与国际金融、房地产与建设工程、劳动与人力资源等众多业务领域，客户遍及海内外，能够提供高效率、高质量、全方位的专业化服务的大型综合性律师事务所。北京高文律师事务所凭借向国际一流律师事务所看齐的经营理念，目标成为国际性的大型综合性服务机构。

● 2018 年，北京高文律师事务所律师相约马尔代夫

全球精品律所联盟（EGLA）创立者之一

——北京德和衡律师事务所

北京德和衡律师事务所是我国发展较快的综合商务型律师事务所之一，秉持“专业、专心、专才、专注”的服务理念，以客户需求为核心，坚持专业分工和团队协作，依托先进的管理经验，致力于为国内外客户提供优质高效的商事法律服务。

2012年，北京德和衡律师事务所、四川恒和信律师事务所、福建拓维律师事务所联合发起的中国德和精品律所联盟（ECLA）正式在成都宣布成立，首批成员包括陕西博硕律师事务所、山东德衡律师事务所、江苏鸣啸律师事务所、山西尚略律师事务所、云南天外天律师事务所、辽宁同格律师事务所等国内重量级区域性律所。2018年5月，在中国德和精品律所联盟（ECLA）第十三次合伙人代表大会上，升级为全球精品律所联盟（EGLA）。目前已拥有68家联盟所，联盟律师6000余名。此外，北京德和衡律师事务所还是国际知名律所联盟SCG在中国大陆的主要成员律师事务所。通过遍布全球超过10000名律师组成的国际化网络，北京德和衡律师事务所为全球客户提供“一站式”的法律需求解决方案。

北京德和衡律师事务所是第一家在美国华盛顿地区设立实体分所的中国律师事务所，是俄罗斯法律服务市场的先行者，并积极倡导在欧洲、澳洲、东亚及东盟地区的国际法律合作；分别在华盛顿、多伦多、莫斯科和圣彼得堡设立“中国法中心”，在当地向社会各界宣讲中国法律，促进两国法律界交流。

●全球精品律所联盟（EGLA）第十五次合伙人代表大会合影

专精于为客户解决最重要问题的律师事务所

——恒都律师事务所

2010 年，江锋涛律师创立了恒都律师事务所，这是一家以资本市场、知识产权、商业诉讼为核心业务的顶尖综合性律师事务所。

恒都律师事务所发现流水线作业可以使单位时间的效率达到最大化。由此，恒都律师事务所摸索并总结出了适合自己的管理模式——高品质的“工业化”管理。所谓的高品质的“工业化”，涵盖了两层意思：一为“工业化”，二为高品质。在分工细致的法律服务行业，单个人的作用极其微小，而一旦把这些个体有效整合起来，则能最大程度地发挥各自的优势与所长，快速切入新的业务领域市场。

恒都律师事务所现有律师及工作人员 350 余名，其中提供专业法律服务的人员有 300 余名。总部位于北京国贸，目前已在上海、广州、深圳、天津、泉州、昆明设立分所，在重庆设有办公室，且厦门、济南、沈阳分所正在筹备中。

恒都律师事务所自 2010 年 12 月 10 日成立以来，秉承“以客户为中心，以奋斗者为本”的律师事务所文化，始终以客户的需求为第一位，凭借“一流的管理能力、一流的专业能力、一流的市场能力”三大核心竞争力，以资本市场、知识产权、商业诉讼为主导方向，致力于为中外客户的境内外商业活动提供最高质量和最全方位的法律服务。

● 恒都律师事务所

一家提供商业法律服务、品质精良的综合性律师事务所

——安杰律师事务所

2012 年，一批心怀理想的资深律师创建安杰律师事务所。为了在市场中突出相对优势，安杰律师事务所制定差异化竞争策略。差异化主要体现在专业领域的选择上，尽管在律师事务所定位层面，安杰律师事务所定位为一家提供商业法律服务、品质精良的综合性律师事务所，但与传统综合性律师事务所不同，安杰律师事务所关注新兴领域的细分市场，在创所之初就选取了在当时看来稍显冷门的保险与再保险、知识产权诉讼、反垄断与反不正当竞争等领域作为核心业务。

2012—2015 年，安杰律师事务所已经完成了短期规划，重点突破部分业务领域，在业界建立了良好的口碑。在正在执行的中期规划中，安杰律师事务所将继续加强专业能力和综合服务能力的提升，同时使事务所的公共积累稳步增加，律师晋升制度得以实行，一体化管理方向得以坚持，并按照整体策略逐步向前发展。

仅用 3 年，安杰律师事务所创收过亿。6 年间，开设北京、上海、深圳、香港四地办公室，成员发展至 287 人。

朝阳区律师协会律师事务所管理与发展委员会走访安杰律师事务所

专注于婚姻家事领域的律师事务所

——北京家理律师事务所

2014 年，易秩律师创建了北京家理律师事务所，其成立之初就定位专注于婚姻家事法律服务领域，具体业务包括婚恋咨询业务、婚姻家事非诉业务、传统的婚姻家事诉讼业务、家族财富传承规划业务等。2018 年，北京家理律师事务所为 20000 余人提供了免费的婚姻家事法律咨询，办理婚姻家事案件 500 余起，单个案件标的额最高达 10.3 亿元。

北京家理律师事务所奉行“专业　协作　爱心　开放”的价值观，采用专业化、协作化的团队办案模式来解决法律难题，以个性化心理咨询服务传递爱心，为客户提供高效、优质、温暖的婚姻家事解决方案，全面提升办案质量和客户体验。

2017 年婚姻家事法律服务行业白皮书发布会

家理律师事务所三周年年会

天达律师事务所与共和律师事务所合并

——天达共和律师事务所

2014 年，天达律师事务所和共和律师事务所正式签订合并协议。天达律师事务所与共和律师事务所均成立于 20 世纪 90 年代。两家律师事务所于 2010 年开始接触，2012 年正式商谈，2014 年签订合并协议并花了整整一年的时间整理构架制度，并将 2016 年作为天达共和律师事务所元年。合并之旅，可谓谨小慎微，但也正体现了天达律师事务所、共和律师事务所优势互补、顺势而合的共同理念和决心。

合并之前，天达律师事务所和共和律师事务所在合伙人制度、分配制度乃至管理制度上完全不同，合并后他们专门成立了一个由十几位合伙人组成的建制小组，开创性地践行具有天达共和独具一格的公司制管理之路。公司制意味着，凡是在 2016 年度已成为天达共和律师事务所合伙人的律师均为创始人，不会因为资历的差异而影响到分配，都一样从零开始计算“年资”和“所龄”。而诸位创始合伙人均放弃了“资历”的计算，以包容和舍弃来帮助年轻律师成长，此等胸怀，想必也是天达共和律师事务所能够凝心聚力，砥砺奋进的原因之一。

天达共和律师事务所目前拥有近 400 名法律专业人士，在北京、上海、深圳、武汉、杭州设有办公室，并与众多著名国际律师事务所也建立了战略联盟，可为客户提供国际化的法律服务。

●天达共和律师事务所合并后首次合影

天驰洪范律师事务所与君泰律师事务所合并

——天驰君泰律师事务所

2015年7月4日，北京市君泰律师事务所和北京天驰洪范律师事务所在京举行合并签约仪式，宣布两所正式合并，成立天驰君泰律师事务所。其中天驰洪范律所由北京市天驰律师事务所和北京市洪范广住律师事务所于2013年合并而成。

君泰律师事务所和天驰洪范律师事务所的合并旨在共同打造一个全新的具有更大影响力和竞争力的大型合伙制律师事务所。

目前，天驰君泰律师事务所拥有600余名执业律师，致力于为国内外客户提供专业、全面、务实的法律服务，下设资本市场、银行与金融、公司并购与重组、建设工程与房地产、知识产权、争议解决、刑事辩护、信用管理、税务与财富规划、民用航空、政府法制与环境资源等16个业务部门，并在上海、天津、郑州、成都、深圳、南京、福州、长春、广州、珠海、武汉等地设有分所。

天驰洪范律师事务所与君泰律师事务所合并仪式

专注于新经济领域的精品律师事务所

——世辉律师事务所

2016 年，一群秉持相同愿景和使命的合伙人创立了世辉律师事务所。世辉律师事务所专注于提供新经济领域的投融资、并购、上市、基金设立、财富管理等法律服务，富有创造性地设计交易结构，擅长解决复杂的法律问题，能根据客户多元化的需求为其制定切实可行的解决方案、协助客户达成商业及法律诉求。成立三年多，律师事务所人员总数已达 60 余人。

海润律师事务所与天睿律师事务所合并

——海润天睿律师事务所

2018年1月18日，有着“低调、稳健”共同基因的北京市海润律师事务所与天睿律师事务所正式合并，合并之后的律师事务所名称为“北京海润天睿律师事务所”，并称将在5年内打造成具有核心竞争力的精品大所，进入中国律师行业“第一阵营”。目前，海润天睿律师事务所已拥有170多名律师，业务涉及证券与资本市场、金融、公司、并购、破产、民商事争议解决、刑事、知识产权等领域，法律业务已全方位覆盖。

海润律师事务所创立于1994年，是一家主要以提供证券法律服务的专业律师事务所，其多名高级合伙人均有数十年证券法律服务领域的研究及实务经验，其中五位先后担任证监会发审委和重组委委员。

北京市天睿律师事务所创立于2001年，是由执业多年并具有留学经历的资深律师创建，主要从事国内和国际民商事法律业务的综合性律师事务所。

●海润律师事务所与天睿律师事务所合并

朝陽律師
CHAOYANG LAWYERS
追梦筑梦 奋进40年
朝阳律师回顾律师制度恢复40年展

第七部分

牢记使命 绿树成荫

朝阳律师故事

在律师制度恢复重建中起步，在改革大潮中成长。40年来，从寥寥数人到全国最大基层律师队伍，从紧锣密鼓、稳扎稳打到勇立潮头、薪火相传，朝阳律师以全部的智慧和力量为推动中国法治化进程而努力，成为中国律师队伍中熠熠生辉的组成部分。一批曾经意气风发的青年律师们，如今都已是行业前辈。他们的前进历程代表了朝阳律师的奋斗足迹，他们的辉煌成绩铸就了朝阳律师的壮美宏图。

注：本部分内容按律师姓名拼音排序。

导言

品朝阳律师故事，鉴时代法治风华。改革开放恢复律师制度的40年，也是朝阳律师蓬勃发展的40年。风雨40年，青丝换白发，曾经意气风发的青年律师们，如今都已是行业前辈。本次共整理了27位律师的资料，每位律师分为简介与故事两个部分（部分律师简介与故事合一）。27位律师，27个故事，似如朝阳律师40年光辉业绩中熠熠生辉的27块拼图，见微知著。他们的奋斗便是朝阳律师的奋斗，他们的成绩铸就了朝阳律师的丰功。

诚然，我们无法将所有优秀朝阳律师的故事一一列举，寥寥数语，也讲不完27位律师的光辉故事。就让这27位律师作为代表，通过他们铭记40年朝阳律师的奋斗史，立足当下，展望未来。

柴志伟 北京市中创律师事务所

北京市中创律师事务所创始合伙人。历任第八、九次全国律师代表大会代表；北京市第五、六、七、八、九、十届律师代表大会代表、理事、监事；北京市朝阳区第一、二届律师代表大会代表、监事长，中共朝阳律师协会党委委员、副书记等。

早年参加中国人民解放军。先后毕业于郑州大学、北京大学、中国人民大学。曾任职河南省高级人民法院、最高人民法院中国高级法官培训中心、中国新技术创业投资公司等单位。师从中国知识产权和国际经济法学科奠基人之一郭寿康教授，获法学硕士学位。担任过清华大学法学院联合硕士生导师、中国国际贸易仲裁委员会调解员、北京仲裁委员会仲裁员、北京市民商法研究会理事等。

自述故事

法治中国，是我坚持不懈的追求。从当年大学选择法科，到法院担任法官，再到在央企做法务，最后选择做律师，每一步都怀揣着我对法治中国的理想和追求。

1994年夏，我毅然放弃高薪央企法务工作，借款创办了北京市中创律师事务所，开始了我的律师生涯。早年军旅、法官、央企法务的经历，锻造了我坚韧、正直、负责的品格，并将这些品格融入律师执业过程，运用精湛法律技能、丰富实践经验和良好职业道德，为各类客户提供了大量优质、高效的法律服务，使我的法律人价值得到充分实现。

从业数十年来，我品尝了律师职业的酸甜苦辣，也经历过成功与失败，但始终没有为自己当初放弃法官及央企法务职位而后悔。作为一名老律师，我始终坚信：实现法治中国需要一代又一代法律人的不懈努力！只要国家与民族不放弃前行，律师的社会价值就会愈发彰显，中国的律师事业必将越来越发展壮大！我期望：律师同仁能够承前启后，继往开来，为我们光荣而又神圣的事业而努力奋斗！

付洋 北京市康达律师事务所

付洋律师1979—1987年在全国人大常委会法制工作委员会工作，任职至法制工作委员会经济法室副主任、机关党委委员。曾参与《中华人民共和国宪法》《中华人民共和国民法通则》《中华人民共和国全民所有制工业企业法》《中华人民共和国经济合同法》《中华人民共和国涉外经济合同法》《中华人民共和国食品卫生法》《中华人民共和国药品管理法》《中华人民共和国计量法》《中华人民共和国企业破产法》《中华人民共和国公司法》《中华人民共和国海商法》《中华人民共和国矿产资源法》《中华人民共和国海洋环境保护法》等立法工作。

1988—1989年任中国康华发展总公司法律事务部总经理。1988年创办康华（后更名康达）律师事务所，任事务所主任。1995年、1999年、2002年分别在第三次、第四次和第五次全国律师代表大会上当选中华全国律师协会副会长，任协会党组成员。1989年至今担任中国国际经济贸易仲裁委员会仲裁员，现任中国法学会仲裁法学会副会长。2011年开始筹办彭真民主法制思想研究与教育基金。2012年北京市康达律师事务所与中国人民大学法学院共同发起成立彭真民主法制思想研究与教育基金，基金持续从事促进法学研究与法学教育事业。与王利明同志共同担任彭真民主法制思想研究与教育基金理事长。

曾任中国政法大学特聘教授、南开大学法学院特聘教授、清华大学法学院硕士生联合导师。曾任青岛啤酒股份有限公司独立董事、国安信息产业股份有限公司独立董事、中国国际航空股份有限公司独立董事、中国电影股份有限公司独立董事、江苏省广电信息网络股份有限公司独立董事。

自述故事

我们的中华人民共和国成立70周年，正在步入鼎盛之年。我是共和国的同龄人，在欢庆祖国70年华诞之时，不免也要回顾自己已经度过的大半生。我这70年，除了“文革”中插队、做中学教员、做工人，1979—1987年在全国人大常委法工委做立法工作，之后一直是做律师。可以说，大半生在从事法律工作。曾执教鞭，任中国政法大学特聘教授、南开大学法学院特聘教授、清华大学法学院硕士生联合导师，也在各大公司担任独立董事，但都没有离开我的法律事业。大半生从事法律工作，初心何在？初心就在于党的十一届三中全会总结中华人民共和国近30年历史，特别是“文革”的惨烈教训，确立了党和国家集中力量进行社会主义现代化建设的根本任务，改革开放，发展社会主义民主、健全的社会主义法制！今天，作为一名与祖国同龄的退休律师，我依然要不忘初心，牢记使命，以自己微薄之力，为全面推进依法治国而奋斗！

高警兵 北京天驰君泰律师事务所

高警兵律师现为北京天驰君泰律师事务所律师、管委会主任。担任中华全国律师协会理事兼全国律协法律顾问专业委员会副主任、秘书长；全国法治宣传教育专家咨询组首批成员；北京市政协委员；北京市律师协会副会长；北京仲裁委仲裁员；北京新的社会阶层人士联谊会常务理事、副秘书长；北京注册会计师协会人民调解委员会副主任；北京市检察机关人民监督员；北京市司法局特约监督员等职务。

1985年毕业于吉林大学法律系，1988年通过律师资格考试，1993年开始执业。专长于公司、合同、知识产权、金融等商事领域的争议解决及为企业和政府提供综合法律服务。

作为一名律师，高警兵先后担任过多家政府及企事业单位法律顾问，代理多家党政机关和各类企业出庭诉讼与仲裁，认真地维护当事人的合法权益，受到当事人普遍认可，获评北京市优秀律师等荣誉；积极参与行业和社会工作，通过组织研讨会、模拟法庭和仲裁庭、论坛、编辑书籍，给青年律师和实习律师讲课等工作，推动行业的健康发展；以政协和新联会为依托，充分发挥律师参政议政的影响力，在法律共同体建设、民主监督、促进行业合理税收政策等方面积极建言献策；热心公益，立足于自身法律服务的优势，多次带领律师事务所及团队参加公益活动。

高子程 北京市中创律师事务所

北京市律师协会会长、中国仲裁法学研究会副会长、中国国际商会商法与惯例委员会副主席、中国国际商会企业责任与反腐败委员会副主席、中国国际经济贸易仲裁委员会仲裁员、第十三届全国人大代表、北京市法学会副会长、北京市公益法律服务促进会副会长、全国政工科委特邀研究员、中央财经大学客座教授、中国人民大学硕士生导师、华东政法大学特聘教授。

曾任中国有色华北地质勘查局108实验室主任、分析化学工程师，先后在同和律师事务所、北京市康达律师事务所执业，现为北京市中创律师事务所律师。曾先后获得全国优秀律师、北京市优秀律师、北京市优秀公益律师、北京市优秀刑辩律师等荣誉称号。

自述故事

1989年看报纸介绍江西省委书记万绍芬，得知世上还有兼职律师这个行业，其时改革开放正热，各个方面鼓励第二职业。地质工作最宜兼职，因为深秋到初春多为闲时，中国有色金属总公司下属的北方地质系统实验室更具兼职时间和条件。

1990年，报名参加第三次全国律师资格统一考试，为此租一民房，购买35本参考书目，昼夜苦读，案例是解惑的唯一老师。同年6月盼得一本浓缩的考试复习大纲，真如饥饿的人扑到面包上。1991年初，取得律师资格。同年，注册成为一名兼职律师。第二年，律所主任安排我代理田某灭门（杀害三人）案二审上诉，业经30余次会见，调取50余份新证，多方协调重新鉴定关键证据，搜集真凶涉案证据等，历时两年，上诉法院终以证据不足撤销一审判决，田某无罪释放。错案得以避免，执业快感、职业尊崇和信心倍增。刑辩成为执业初期的主要领域。1997年以后，陆续代理若干民商案件、行政案件、知识产权案件，担任部分机构法律顾问，兼职的属性和地域的特点，使我成为典型的“万金油”式的普通律师，终日一线奔波操劳。

1997年以来，以专职律师身份专职律师业务，团队陆续形成。过往经历和客户传承，刑事、民商、行政、部分非诉业务依然兼顾。随之客户群网的延伸，许多敏感案件，部分焦点业务，几多经验教训，凝聚沉沉心路。无论中国钢铁集团、中国材料集团等央企，大中华地产、恒基集团等私企，还是德国维特根、韩国三星等外企；无论是代理出庭，还是作为首席仲裁员居中裁决，值得回味的感受是，人在有能力、有机会、有平台给相关方以公平正义的时候，尽到良知，为行业增添些许无愧心声。刑事或拆迁等业务，基于公权利是游戏规则之一角，感觉良知与大局兼顾，维护执业权利与维护执法权威并重，规范执业与规范执法并重的文化氛围，需要共识共建。2008年以来，先后进入区市律师协会。在十届会长任内，充分运用人大平台，与公安局、检察院、发展和改革委员会、社保局、司法局等部门数十次多方、立体、密集沟通协调，促成了看守所全面整改，提高会见效率。推动北京律师业终于进入高精尖人才范围，可以享受依规申请获得工作居住证，进而申请积分落户等优惠政策。促成了北京律师业务收费放开，取消政府指导价，根据市场协商议定收费金额。同时，全面放开人才引进渠道，实现了首都律师业可以面向全国吸引人才的愿景。多方力促优化修正北京律师行业税收政策，争取核定成本或税率，回应行业特殊属性，以解除行业集体焦虑。系列举措赢得了多方理解和认可，各级领导签批督促，前景乐观。2009年以来，以中国国际经济贸易仲裁委员会首席仲裁员身份，审理裁决若干重大内资或外资民商纠纷，体会到了法院和审判司法改革的必要和痛点，多元纠纷调处机制构建之必要和障碍，并为此提出了相关人大建议或议案。2007年以来，作为市区两级人大代表，累计提出了300多份建议或议案；2018年以来，作为全国人大代表，累计提出了50余份建议或议案。内容涉及税收、法治、律师、经济、社会、教育、医疗、交通、环境等许多领域。相关建议得到主管机关的积极回应。

高宗泽 金杜律师事务所

中华全国律师协会第四届、第五届会长，第十届中国人民政治协商会议全国委员会委员，享受国务院有突出贡献津贴专家、全国先进工作者、全国首届十佳律师。现任中国社会科学院法学院特邀研究员/特邀教授、中国政法大学兼职教授、中央财经大学特邀教授，斯德哥尔摩商会仲裁院、巴黎国际商会仲裁院、香港仲裁中心仲裁员，中国海商法协会顾问，中国海事仲裁委员会仲裁员/专家委员会委员，中国国家法官学院兼职教授，中国国家检察官学院兼职教授。

高宗泽毕业于大连海运学院、中国社会科学院研究生院，先后在美国纽约哥伦比亚大学和希尔曼·斯林律师事务所、西德雷根斯堡大学法学院进修、讲学。曾任中国法律事务中心副总审律师、副主任、主任，中国法律服务（香港）有限公司总经理、董事长，中国人民银行总行首席法律顾问，国际律师联盟副主席，环太平洋律师协会主席，中国法学会常务理事，中国海商法协会副主席，中国国际经济贸易仲裁委员会委员/仲裁员，国家司法考试委员会委员，最高人民法院特邀咨询员，信利律师事务所主任，北京市孚晟律师事务所合伙人，北京市金杜律师事务所合伙人等。

自述故事

我的法律人生有过多个第一：第一个以中国执业律师身份当选国际律师联盟副主席；代理了第一个100亿美元备用信用证案，避免了国家的重大损失；代理了第一个民间对日索赔胜诉案……

我已年届八旬，回顾自己的律师从业经历，最深的感受是时代赋予了我们知识、赋予了我们机会、赋予了我们责任和使命，在中国共产党领导下，我国社会主义事业不断发展，尽管曾经历过困难和挫折，但这条光明大道，催生了新中国的律师事业，并使之蓬勃发展、蒸蒸日上。律师队伍迅速扩大，律师素质不断提高，律师服务领域不断扩大，律师在习近平新时代中国特色社会主义事业中可以发挥自己的才干，承担为社会主义事业发展的责任和使命，看到这一切，使我这个80岁的老律师激动万分，为我们的国家、我们的律师事业感到自豪，为我国律师所做出的成就和付出的努力感到欣慰。

中国在习近平新时代中国特色社会主义思想指导下，在中国共产党的领导下，在社会主义道路上不断发展和进取。我们律师必须要跟上时代的发展，必须认识到自己的责任和使命，首先不要忘记自己是社会主义法律的工作者，宪法和法律制度是永远地遵循时代在前进、社会在步，律师应该不断提高自身的业务水平和业务能力，不断学习，不断进取，为维护法律的正确施进和社会的公平正义，为保障社会的一切行为沿着法律而作为，贡献自己的力量。

我热切希望青年律师不断健康成长，要热爱祖国，想着人民，淡泊名利，认真学习，严于律己，成为合格的社会主义制度下的好律师，为律师事业的发展而努力奋斗。

郝惠珍 北京市盈科律师事务所

北京市盈科律师事务所名誉主任、创始合伙人、党委书记；中华全国律师协会女律师协会副会长、中国法学会婚姻家庭法研究会理事、中华律师协会婚姻家庭专业委员会专家顾问；北京市律师协会老律师联谊会副主任；北京市工商联法制委员会常务副主任。

曾任中华律师协会政府顾问委员会副主任、北京市女律师联谊会副会长，北京市律师协会监事，北京市律师协会法治北京研究会主任、首届朝阳区律师协会副会长、党委副书记。

自述故事

入行35年，8年律师管理经验，8年国办所主任的实践，18年合伙所发展壮大的体会，32年的律师职业生涯，让我完成了从专业、专注、专家的华丽转身，塑造了自己的人格魅力！成长的背后是努力与坚持；岁月的磨砺让我的眼里充满了故事，家庭事业的完美结合，让我在家国情怀中铸就着女律师的理想与事业，也创造着自己的人生精彩！

1982年电影《流浪者》中的女律师形象，让当过兵、当过警察的我脱下戎装走进了司法局党办。两年后我到了律管处，伴随着律师改革的春风走到1992年。这一年也是我的春天，梦想当律师的我，从律管处派往天宁所做专职律师。WTO入市的脚步催促着我迎接新挑战，2000年国办所改制使我有机会在2001年组建了合伙制律师事务所，取名“盈科”，18年后盈科律师事务所以66家分所、8000名律师的规模跨入了亚洲律所的前列。

敬畏律师职业的精神、一专多能的理念；专业、专注、专家的路径；成长、成熟、成功的追求，让我成为婚姻领域的领头人。著书立说、参与立法，我以政府顾问的身份见证了朝阳区经济的发展。秀水街的变迁记录着我的身影；普法明星的称号是我法治宣传的见证。岁月给我留下了很多值得回忆的瞬间：总理接见、“对话中国大律师”、接受《新闻联播》的采访、做客《焦点访谈》……奥运金奖、社会建设与管理人才奖、北京市优秀律师、优秀共产党员、北京市政法委系统优秀党务工作者、北京市三八红旗奖章、全国妇联维护妇女权益先进个人……都是32年律师职业生涯的写照。

一次影视形象的偶遇，让我与律师职业牵手一生！忆往昔：从1万名律师到43万名律师，我是见证者、参与者、奉献者！展未来：中国律师迎来了行业发展的春天！做好继承与传承，我要唱着春天的赞歌、讲好中国律师的故事，用奉献参与行业发展、用专业诠释法律人生。

回望初心、不负时代、继往开来，我们永远在路上！

祝福我喜爱的职业——中国律师！

金莲淑 北京市金平律师事务所

金莲淑作为最早涉入中韩经济合作的法律事务的第一人，自1988年就开始为韩国来京投资企业（第一家）提供法律咨询。1994年创建金平律师事务所。先后为韩国驻华大使馆、大韩投资贸易振兴公社、韩国农水产物流通公社、韩国输出入保险公社、韩国商会、中小企业公团、（中国）韩国人会等机构和包括现代、SK、LG、浦项钢铁（POSCO）、大宇、乐天等跨国集团在内的众多企业提供了数千次法律咨询服务，并解决了数百起疑难问题。

作为一名优秀的涉外律师，她还不断将个案经验升华为理论研究，多次应韩国驻华使馆、大韩投资贸易振兴公社、韩国商会、中小企业公团等机构邀请做专题讲座；参与编写《国际商务诉讼指南》《中国进出口产品保障措施实践指南》等著作，并发表《律师在外国企业反倾销应诉中的作用》等多篇论文。中国加入WTO前后，举办了“WTO与中国法”（2001年11月）、“WTO和中国反倾销研讨会”（2002年4月）等七次由中国司法机关、韩国驻华使馆、韩国企业代表参加的以“入世”为题的国际研讨会。2008年改革开放30周年之际，又响应“走出去”战略，举办“金融危机背景下的选择之投资韩国”研讨会，为中国企业走出国门搭建桥梁。

故事

金莲淑1985年历经艰难从牡丹江考入中国人民大学研究生院，1987年到北京市委党校任教。当时，“吸引外资”是现代化建设的“头等大事”，这使具有日、韩两种语言优势的她有机会接触到来自日本和韩国的外商，1989年就为第一家来京投资的韩国企业提供法律咨询。当时，中韩尚未建交，但她敏锐地意识到中韩建交只是时间问题，中韩贸易往来定会产生大量的法律服务需求，于是决定放弃赴日留学机会，走上了涉韩法律服务之路。1991年她自费到韩国宣传中国的投资法律环境，1994年创建了中国第一家主要为中韩投资贸易往来提供系统法律服务的律师机构——金平律师事务所。

一路走来，金莲淑觉得是国家的改革开放政策，让她有机会在事业上取得成就，因此她的心中充满感恩的情愫。1990年，她到北京亚运会担任韩国记者团翻译，2008年又担任北京奥运会绿色家园媒体村语言服务中心经理，带领语言服务中心的志愿者们为16090人次提供了服务，为媒体村零投诉作出不可替代的贡献，完美诠释了志愿者的含义。而作为一名少数民族律师，她早自2006年就走进望京地区提供双语义务法律咨询，2011年初，金平所与民族联谊会联合开通了“民族法律服务热线”，为7000多人次少数民族流动人口提供咨询。

金莲淑为国家经济及社会建设和民族团结和谐所作出的努力得到组织和社会认可，先后担任第七届北京市律师协会副会长，政协第十二届、第十三届北京市委员，中华全国律师协会国际业务专业委员会副主任等多种职务。先后荣获“全国三八红旗手”“首都精神文明建设奖”“北京市十佳律师”等荣誉；被国务院授予“全国民族团结进步模范个人”荣誉称号，还于2016年、2018年两次作为少数民族代表接受了习近平总书记等中央领导的亲切接见。

李大进 天达共和律师事务所

李大进律师曾任第十二届全国人大代表、中共北京市第十次党代会代表、北京市第十三届人大常委会委员、内务司法委员会委员、第六届中华全国律师协会副会长、第七届北京市律师协会会长。

李大进律师自1982年开始从事律师工作以来，先后担任过数百家企事业单位和政府机关的法律顾问，办理过上万件各类法律事务，在长期的律师生涯中积累了丰富的执业经验，作为资深律师在社会各界及同行中享有良好的声誉。擅长于知识产权、名誉权、国际贸易、民商事法律纠纷的诉讼与仲裁，以及投资项目的法律事务等。为大型国有企业、国家机关及大型跨国公司提供常年法律顾问及专项法律服务亦是长项。

自述故事

弹指一挥间，中国律师已经走过了40年，我本人进入这个行业也已到了第38个年头。1982年5月28日我走进了当时坐落于呼家楼十字路口西北角（现为京广中心）的朝阳区司法局办公地，当时唯一属于朝阳区的朝阳区法律顾问处只有6人（智继韶、邓宏明、郭云、范力平、徐卫华、孙梅），在两间半红砖平房中办公。朝阳区法律顾问处是北京市最早恢复设立的律师机构之一。

1982—1992年在朝阳区法律顾问处执业的10年，是我从一个对律师无知、对法律无知、对司法无知的门外汉，逐渐理解、逐渐成长、逐渐坚定做律师信念的重要10年。当时作为“国家法律工作者”的身份定位，我全程经历了中国律师制度恢复初期的探索和实践。过往40年，中国律师不经历这奠基的10年，就夯不实今天这个事业基础，全行业也难成就今天的事业，国家的法治建设的进步也不会呈现今天的状态。

1992—2013年，中国律师业伴随着国家改革开放的步伐，经历和完成了《中华人民共和国律师法》的出台、管理体制的改革、执业领域的扩大、从业人员的壮大、律师事业在社会主义制度中的再定位等若干重大节点和发展历程；作为亲历者、实践者和受益者，我在这20年间也从一名执业律师成长为律所的主任和合伙人，成长、成熟、成功的过程让我无比享受，也受益终生。我不仅创办了合伙制的律师事务所，让我可以通过执业行为服务和回报社会；我也通过自己的努力有幸在这个过程中深耕行业管理，任职北京律师协会和中华全国律师协会20余年，有了参与和服务广大律师的实践。随着中国律师作用的日益显现和地位的不断提升，律师也有了为国家事业发展作出贡献的机会。我更有幸成为党代会的代表、人代会的代表（常委）及政协委员，在国家治理、法律制定、经济建设、社会发展等方面参政议政，建言献策；作为执业律师，我还有幸承办和参与了许多重大案件和项目的代理工作，见证了中国律师树立新一代中国律师素质和形象的全过程，也在执业的第一线感知中国律师从无到有、从小到大、从弱到强40年的艰难过往。

我作为一名朝阳律师，从执业的第一天至今从未离开过朝阳地界，是这片土地滋养了我的律师执业。过往40年，一代又一代的朝阳律师用他们的辛勤付出、卓越能力、敬业精神和感恩之心，续写了朝阳、北京、中国律师业坚守和奋斗的40年。

刘红宇 北京市金诚同达律师事务所

刘红宇律师是第十一届、第十二届、第十三届全国政协委员，全国政协社会和法制委员会委员，中央统战部党外知识分子第一届、第二届建言献策小组政法组成员，第三届建言献策专家组成员。北京市第十二届、第十三届、第十四届、第十五届人大代表，中国妇女第十一次、第十二次全国代表大会执行委员会执委。现任最高人民法院特约监督员，北京新的社会阶层人士联谊会副会长，北京市东城区人大常委会常委，北京市朝阳区工商联副主席，行走中国公益俱乐部副理事长。同时担任西南政法大学LPC（法律实务教育）兼职教授，清华大学法学院硕士联合导师，中国人民大学法学院律师学院硕士生兼职导师，中国机械设备工程股份有限公司独立董事，国美电器控股有限公司独立董事，甘肃蓝科石化高新装备股份有限公司独立董事，北京银行股份有限公司独立董事。曾任中华全国律师协会企业法律顾问专业委员会副主任，中华全国律师协会律师文化建设委员会委员，北京仲裁委员会仲裁员，北京市律师协会银行专业委员会副主任，北京市律师协会第五届、第六届理事，中华全国女律师协会执委。

先后于1999年起获“北京市第二届优秀律师奖”“人民满意的先进个人”“北京市优秀律师”“朝阳区优秀女律师”，及北京市第二届“优秀中国特色社会主义事业建设者”，2008年北京青年榜样“第五届北京市青年企业家金奖”等荣誉称号。

1992年创办北京市金诚同达律师事务所，为北京市金诚同达律师事务所创始合伙人。1981年9月至1985年7月在西南政法大学法律系学习，1996年9月至1998年7月在中国社会科学院研究生院学习，2001年9月至2003年7月在北京大学光华管理学院学习，获EMBA（高级管理人员工商管理硕士）学位。曾在中国人民银行、中国农业银行工作近8年。

故事

刘红宇律师自大学毕业后进入银行工作，在1992年投身律师行业并成为中国第一个合作制律师事务所的女主任。自执业以来，刘红宇律师致力于金融、证券、资本市场及房地产领域的法律服务，广受客户好评，推动北京市金诚同达律师事务所成为国内大型综合性律师事务所之一。

刘红宇不仅精研专业技能，还积极参政议政，承担社会责任。2003年刘红宇当选北京市人大代表，一直连任至今，是新中国成立以来北京律师界的第一位市人大代表。2008年至今，刘红宇又连续担任中国人民政治协商会议第十一届、第十二届、第十三届全国委员会委员，是第一次在全国政协记者招待会上以新阶层代表的身份亮相并在会上发言，第一位在新闻委员通道集结接受采访的律师界全国政协委员，堪称中国律师参政议政的先行者。2018年，作为连任三届的律师委员亮相第二场“委员通道”，就“司法体制改革对律师执业环境的影响”回答了媒体的提问。

刘红宇在履职过程中充分发挥律师的专业优势，在广泛深入调研问题的基础上，提交了大量提案、议案，既有“提高儿童身高免票线”、给中小学安装新风系统以应对雾霾、加强网络送餐外卖行业监管这样的“小事”“身边事”，也有推动京津冀一体化法律法规清理、保障律师执业权利、推进公益诉讼制度发展等“大事”“庙堂之事”，十几年的履职生涯，刘红宇始终关注民生、聚焦法治，努力推动法治建设和社会进步。

我国律师制度恢复重建已有40周年，律师行业蓬勃发展，执业人数直奔40万人，被习近平总书记誉为依法治国的一支重要力量。多年的执业经历和参政议政让刘红宇认识到，中国的律师事业已经走到了一个新的历史起点，而抓住国家全面深化改革、全面依法治国的历史机遇，积极参政议政，推动国家法治文明，不仅是律师行业的初心，更是律师行业的历史使命。

刘延岭 金杜律师事务所

刘延岭律师多年来一直致力于债务危机处置、债务重组、破产重整等业务。刘律师曾参与《中华人民共和国企业破产法》的起草，同时也是《中华人民共和国破产法》实施后，率先将破产重整程序运用于上市公司重组的实践者。在处理上市公司重整及涉及债务规模较大、债务关系复杂的大型企业重整领域积累了丰富的实践经验。刘律师曾先后为众多企业，包括上市/非上市公司、证券公司、信托公司和金融租赁公司等的债务危机处置、债务重组、破产重整提供卓有成效和富有创造性的法律服务。例如：东北特钢集团及下属子公司破产重整案、重庆钢铁股份有限公司破产重整案以及长航油运重整案、舜天船舶重整案、泸天化系列重整案、渤海钢铁重整案等。

刘延岭律师毕业于吉林大学，成为执业律师前供职国家工商行政管理局，曾任北京市律师协会理事和朝阳区律师协会副会长，被评为首届“北京市十佳律师”“北京市优秀律师”、《亚洲法律概况》2015年度中国“领先律师”。

自述故事

1986年，我从吉林大学毕业后，进入国家工商行政管理局工作，并于1989年取得律师资格。国家工商行政管理局的工作经历，丰富了我的人生阅历，也增强了我的社会责任感和使命感。

1994年，在国家律师制度改革政策的感召和鼓励下，也是怀着法治理想，我选择“下海”，成为一名执业律师。我的主要执业领域是公司债务重组、破产重整。曾先后为众多企业，包括上市/非上市公司、证券公司、信托公司和金融租赁公司等的债务危机处置、债务重组、破产重整提供卓有成效和富有创造性的法律服务。

我曾获邀参与《中华人民共和国企业破产法》的起草，也经办了国内第一例上市公司重整案件，是率先将破产重整程序运用于上市公司重组的实践者。20多年的破产重整业务实践，让我深深体会到，破产重整是一项政策性、专业性很强的业务，也是一项重大民生工程，不仅关系千家万户的幸福，也关系社会的和谐稳定。在不断接触各个类型的破产重整案件过程中，汲取来自各方面的知识和不断积累经验，让我能够勇于挑战高难度的案例，用追求卓越的态度追求社会效果和法律效果的统一。可以说，我从破产重整业务中发现和实现了自己的专业价值。

2011—2018年，我被推选担任朝阳区律师协会副会长，能够有机会投身行业管理和服务工作，并对行业有了更深的了解和认知。律师是依法治国的一支重要力量，在维护法律准确实施、维护当事人合法权益、维护社会公平与正义方面发挥着不可替代的作用。我无悔于自己的职业选择，并愿意持续为律师工作发出自己的光和热。

马晓刚 北京市浩天信和律师事务所

马晓刚律师1983年毕业于中国政法大学，获得法学学士学位。1983年起在北京市人民检察院工作；1986—1994年在国家版权局工作，直接参加《中华人民共和国著作权法》和配套法规的起草、实施，时任版权处处长；1994—1997年加盟君合律师事务所，为合伙人；1997年参与创办浩天律师事务所并成为创始合伙人。

马晓刚律师本人并带领团队处理了大量的法律事务，尤以处理知识产权和文化传媒为核心的疑难综合法律事务见长。其代理的许多法律实务已成为业界经典和国家立法及司法解释出台的契机和参考。

马晓刚律师在办理大量法律业务的同时注重结合新情势进行法学研究探讨，经常应邀在国际组织与中国政府举办的培训班和国际法学研讨会上授课及作专题报告。马晓刚律师还经常被邀请参加国家立法活动和国际法律交流，并曾作为中国法律专家参加关贸总协定谈判。

故事

作为一名有36年党龄的老党员，马晓刚不僵化、片面地看待政治学习和党组织生活，而是从学习国家政策、指示精神和社会经济动态中，巧妙地提炼出律师乃至律所业务发展的趋势，及时调整业务结构和人员配置，拓展新兴业务领域；同时，带领团队学习并研究行业热点问题，结合自身实践经验，完成多项课题研究。

在办理大量法律业务的同时，马晓刚注重结合新情势进行法学研究探讨，应邀多次在世界知识产权组织与中国政府举办的培训班、国际法学研讨会上授课、做专题报告；出席各类学术活动，在司法、行政、行业、协会、大学等机构组织的各类活动中进行专题讲座。多年来，马晓刚在《人民日报》《光明日报》《法制日报》和《中国律师》《著作权》《民主与法制》《中国质量万里行》《北京律师》《中国专利与商标》等刊物上发表多篇文章及论文，字数逾百万字；翻译联合国教科文组织《版权公报》等数十篇译作；创作并参加编撰了《著作权案例百析》（在中国和日本分别出版）、《著作权法讲析》《知识产权全书》《出版大辞典》等书籍；同时，还担任《中国版权》杂志编委、中国政法大学兼职教授、中国人民大学客座教授、中国作家协会作家权益保障委员会委员、中国优秀特许品牌专家评委、中国知识产权法学研究会理事等多项职务。理论上的深厚造诣和业务领域的丰富实践，使得马晓刚更加深入地参与国家立法工作。

在承办法律业务过程中，马晓刚对任何客户都尽心尽责。从代理方案的策划、证据材料的收集，到代理意见的确定，每项法律事务、每一个法律程序都严格把关。作为北京市浩天律师事务所的创始合伙人之一，他与各位合伙人及团队精诚合作，1997年成立律所，2007年与北京李文律师事务所新设合并组建浩天信和律师事务所。如今，作为我国居领先地位的综合性律师事务所之一，浩天信和律师事务所除北京总部以外，在上海、南京、广州、深圳、杭州、温州、香港等多个地区设有分所，并通过加入TerraLex联盟在全球100多个国家和地区拥有150多家合作律师事务所，为遍布全球的客户提供全方位的专业服务。

律师事务所20余年的点点滴滴、每一步成长，都凝聚着马晓刚的辛勤汗水和卓越付出。他个人也当选“北京市十佳律师”“北京市杰出律师”；获得中国连锁经营协会“十年发展突出贡献奖”“特许经营委员会优秀特许品牌评审委员会委员”等多项殊荣。

庞标 北京庞标律师事务所

庞标是北京庞标律师事务所主任，中华全国律协民事专业委员会顾问。第二届朝阳律师协会副会长，中国人民大学律师学院客座教授，全国文联律师文化委员会会长，中央电视台《法律讲堂》栏目主讲人。

庞标1981年考入南开大学法学系，毕业后一边留校任教，一边做兼职律师，期间办理了大量刑事、民事案件。1998年辞职，创办合作制律师事务所——天津长缨律师事务所。2004年，转入北京执业。2006年创办北京庞标律师事务所以及中国侵权网。先后被司法部、全国律师协会、中央电视台联合评为全国首届荣誉律师、2005年度全国十大最令人感动的维权人物、北京市级优秀共产党员。

故事

1989年6月1日，对于26岁的庞标而言可谓双喜临门：一是获得了兼职律师执业证；二是喜得贵子，起名庞帅。自此，庞律师的职业发展之路与儿子的成长之路交织在一起，在普通温馨的小故事中，折射出中国恢复律师制度的大部分历程。

1998年，刚被评为副教授的庞标老师毅然从南开大学辞职，在天津创办了一家合作制律师事务所——天津长缨律师事务所。已经上小学的庞帅经常跟着爸爸来到律所，在律所里自己玩游戏模拟办案，偶尔抬起头用充满好奇的眼睛注视着爸爸进进出出地张罗律所的事情。2001年，庞标律师和他领导的长缨律所在天津已经是家喻户晓。当时，所里已经吸引了四五十位精英律师的加盟。成立三年的长缨律所异军突起，承办了天津那几年发生的几乎所有的焦点案件。庞标律师一时风头正劲，成为全市律师行业瞩目的焦点。受到父亲潜移默化的影响，庞帅在日记中写到："……长大以后我也要像爸爸一样做律师……" 长时间的耳濡目染，让12岁的小男孩对律所有了初步的认知，在他的心里撒下了进大律所当名律师的愿望种子。

2006年，庞标律师进军京城，在北京成立了一家以其名字命名的个人律所——庞标律师事务所。这一年，庞帅违背父亲的意愿报考了法学专业。当律师并非父亲对儿子的期望，但是父亲10余年的浸润已经使儿子的律师梦生根、发芽、破土、抽条，到如今早已是根深蒂固。2012年，庞标律师当选为北京市朝阳区律师协会副会长。这一年，23岁的庞帅通过了司法考试。父亲希望儿子进自己的律师事务所，做自己家族的事业，而儿子的梦想却是到大律所执业。经过一番深思熟虑，最后庞帅律师再次坚持了自己的想法，进入了北京大成律师事务所执业。

2016年，庞标律师突发脑栓塞昏迷住院。此时的庞帅律师毅然离开大成律师事务所，转入父亲的个人所，事无巨细替父亲处理律所的事务。律所又逐渐步入正轨。2018年，庞标律师痊愈并打算关闭其个人律师事务所，父子冲突又一次爆发。在庞帅律师的坚持下，父亲的律师事务所得以存续，30岁的庞帅律师也正式从从业30年的庞标律师手中接管了律师事务所的工作，担负起领导庞标律师事务所的重任。

30年来，庞标律师经高校入实务，先是执"长缨"于天津，功成名就但不为所缚，后毅然展翅北上，立功业于京城。庞标律师不仅见证了我国律师制度恢复后40年中30年的高速发展，亲历了30年来法律服务行业翻天覆地的变化，更是影响和培养了一大批像庞帅律师一样的法律人才。而今这样一批"徒弟"在京津两地担任律所主任的就有20多名。正是一代又一代法律人的不懈努力、言传身教、耳濡目染，在冲突和辩论中推动着我国的法治事业和法律服务行业不断向前。

庞民京 北京市北方律师事务所

庞民京1985年开始从事律师工作，1988年创立北京市北方律师事务所，是全国首批执业企业法律顾问之一，具有高级职称。1995年被北京市司法局评为北京市优秀律师。担任首汽集团独立董事。

庞律师从事律师执业近35年，积累了丰富的司法实践经验，熟悉北京的司法环境，具有较高的诉讼技巧，始终工作在律师业务一线，代理各种类型的重大复杂疑难案件累计达千余件。他的工作作风“细致、严谨、务实”，擅长法庭辩论，其在法庭上的恢宏气度和精深的专业水平，使得不少当事人和法官纷纷对庞律师的业务水平、逻辑思维和演讲能力表示赞叹。

曾经担任过全国特大型国有企业集团法律顾问，全面负责国家重点国有企业集团的法律事务，在建立和健全现代企业法律顾问工作制度方面有独到的心得，在企业非诉讼的法律事务方面积累了较丰富的经验。其负责的企业集团的法律顾问工作体系曾作为北京市市属国有企业法律顾问工作的典范，摸索出来的企业集团法律顾问制度一度被国家经济贸易委员会作为先进经验交流和推广，在业内具有良好口碑。

庞律师的专业特长为民商法、经济法、刑法，曾成功地为北京市多家企业集团策划了多起企业收购、兼并、资本运作和债务重组的成功案例。

热衷社会公益、扶持贫困小学，积极承办法律援助案件，彰显了律师扶弱济困的形象，取得了良好社会效益。

自述故事

1983年我毕业于中国政法大学法学院，1985年走上法律工作者之路，成为一名执业律师。现任北京市北方律师事务所主任，我已经从事律师行业近35年。1988年我与几位同行创立了北京市北方律师事务所（以下简称“北方所”），当时中国的律师制度正处于由国有体制变为合作、合伙制，因此“北方所”的成立成为全国试点律师事务所，并推动了中国合伙制民营律师所在全国的普及和体制的确立。

在35年的律师执业中，我曾经承办过“中国兵工物资华北公司与宁波皓荣实业有限公司期货保证金纠纷案”“华麟（企业）集团有限公司与北京京华信托投资公司融资纠纷案”“陈白淮与吴茜民事涉港司法管辖权纠纷案”“王文军与海南证券公司股票交易纠纷案”“83名乘客与中国西北航空公司误机赔偿案”“杨建初等人诉爱立信（中国）有限公司产品质量案”“李昌、姚洁等人法轮功首要人员利用邪教犯罪辩护案”等许多知名案件，在社会上引起了较大的反响。

2002年7月，代长林因涉嫌故意伤害致死被北京市丰台区公安分局刑事拘留，我们接受其妻子的委托为犯罪嫌疑人代长林进行辩护。2003年北京市丰台区检察院以代长林故意伤害（致死）罪（防卫过当）向北京市丰台区人民法院提起公诉。从收案到结案，从一审到二审，在长达两年的过程中，仅会见犯罪嫌疑人就二十几次，反复调查、取证、阅卷、查找各种相似案例，废寝忘食，最终法院作出无罪释放的审理结果。

我不仅是一名优秀的执业律师，同时作为事务所主任，我坚决拥护中国共产党，每年被北京市朝阳区律协评为党建之友，我们所建立了党支部，我坚决支持他们的工作，所里每年都从收入中单独拨款作为党支部活动津费，为党的事业贡献我的一份微薄力量。我热衷于公益事业，每年组织本所全体职工为贫困小学提供资助，我更是身先士卒，亲自到贫困学校普及法律知识，使这些贫困孩子从小建立法律意识，减少犯罪率，把我的爱传递给每一个孩子，争取让每一个孩子感受到世界充满爱。

从事律师执业近35年，我从年轻力壮的小伙子，到今天的满头白发，见证了中国现有的法制体系不断完善、不断进步的过程，见证了中国的法律漏洞不断修补。我为我自己从事的律师职业而骄傲，我要为我热爱的律师事业奉献一生！

彭雪峰 北京大成律师事务所

第十二届全国政协常委，第十一届全国人大代表，第五届中华全国律师协会副会长，第六届、第七届北京市律师协会副会长，北京大成律师事务所创始人、主任。曾任第一届、第二届中国证券监督管理委员会上市公司重组审核委员会委员；曾获“全国五一劳动奖章”以及司法部“年度优秀律师”“北京市优秀律师”“北京市十佳律师”“北京市杰出律师”“中国政法大学第一届十大杰出校友”等荣誉称号。

被中央统战部等授予“全国非公有制经济人士优秀中国特色社会主义事业建设者”荣誉称号，被中华全国律师协会授予“中国律师业特殊贡献奖”，并被提名为“北京市十大杰出青年”。目前还担任中华人民共和国工业和信息化部法律顾问、国务院侨务办公室为侨资企业服务法律顾问、中央统战部党外知识分子建言献策专家组社会和法治组成员、华南国际经济贸易仲裁委员会仲裁员、欧美同学会常务理事、中国政法大学校董事会董事等职务。

执业30多年来，彭雪峰律师成功办理了诸多在国内或行业内部有较大影响力的商事争议案件，并曾为可口可乐、中国网通、中国再保险、中航油、惠普等大型企业代理了多项改制、上市、并购及反垄断法律服务，同时也曾先后担任了中国电信、中国网通、北辰集团、中建集团、万通实业、首开集团、物美集团等大型知名企业的常年法律顾问职务。被国际知名法律媒体《亚洲法律事务》评为“年度亚洲最具影响力的百名律师之一”。

自述故事

20世纪90年代初，中国律师行业开始实现整体转型——由原来官办所转向合伙制律师事务所。1992年，我创办大成律师事务所，成为北京最早成立的六家试点合作制律所之一。建所之初，我确定了“志存高远、海纳百川、跬步千里、共铸大成”的办所方针，仅用一年半的时间，大成所就成为“中国最大的合作制律师事务所”。2004年，我和其他合伙人一起，带领大成从个体化作业向团队化作业转型，向规范化、规模化、专业化、品牌化、国际化方向发展的探索和改革。2009年，大成荣膺亚洲规模最大律师事务所。2015年，大成通过与国际律师事务所Dentons合并，全球律师人数现已达10000人，分支机构180多个，服务网络覆盖全球82个国家和地区，共创东西方文化高度融合的世界最大律师事务所，探索出了一条中国特色律师事务所国际化发展之路。

随着我国法治建设的推进，律师作为社会主义法治建设的重要主体之一，逐渐通过人大、政协等平台参政议政，为推进国家的法治建设和经济发展建言献策。我有幸于2008年被选为全国人大代表，2013年当选为全国政协常委。10年履职生涯，我深知重任在肩，倾心竭力，认真履职，未敢有丝毫懈怠。履职期间，我针对司法、金融、民生等领域累计提交提案30余篇，近10万字。其中，关于制定统一司法体制改革方案、推广政府法律顾问制度、构建系统性金融风险监管体系、构建绿色税法体系等提案，得到相关部门的有效采纳，令我深受鼓舞也备感荣幸。

中国律师行业恢复以来的40年，是伴随改革开放、经济腾飞、民族走上复兴之路的40年。其间，很多历史性成果是凭借法治之力而实现的。虽然，我们还有很多问题没能解决，但依法治国的前行趋势已不可改变，对此，我们充满信心。我也相信，作为执业律师，唯有立足本职，认认真真代理好每一个案件，兢兢业业提供好每一项法律服务，真正让人民群众在每一个案件中都感受到公平正义，才是律师作为社会主义法律工作者“立言，立德，立功”、为中国特色社会主义法治建设贡献力量的正道！

蒲凌尘 北京市中伦律师事务所

蒲凌尘律师在世贸法律、反倾销法、保障措施法、反补贴法、海关法、普惠制、竞争法、投资法领域具有突出的专业能力。在近30年的法律实践中，承办逾百起案件。在WTO争端案件中，代理中国政府以当事方或第三方身份参与多起WTO争端解决案（中国诉欧盟皮鞋案、中国诉欧盟禽肉案；参与越南诉美国暖水虾案、阿根廷诉美国动植物措施案）；在应诉反补贴调查案件中，代理中国政府和企业应诉欧盟、美国、加拿大、埃及、南非等调查；在贸易救济案件中，代理企业和行业协会应诉行业损害调查，及反倾销、反补贴、保障措施调查，以及各类的复审调查程序，涉及欧盟、美国、加拿大、澳大利亚、日本、印度、土耳其、印尼、越南、马来西亚、俄白哈、台湾等国家和地区；在法院诉讼案件中，协助代理中国企业上诉欧盟一审法院、高等法院，并获得了数案胜诉。蒲律师承办多起商务部的研究课题。

曾被商务部聘为“WTO多哈回合反倾销反补贴规则谈判技术顾问小组”顾问，曾任北京律师协会WTO与反倾销专业委员会主任，曾被比利时鲁汶大学法学院聘为法律客座教授、曾被比利时安特卫普政法学院聘为法律客座教授、曾被武汉大学WTO学院聘请任客座教授、曾被对外经济贸易大学聘请任讲座教授、曾被中国政法大学聘请任客座教授。现为北京市中伦律师事务所合伙人，获2016年度《名人录》最佳“思想领袖律师”，亚太地区入选3名律师，中国区仅蒲律师入选。

故事

从1985年第一次出国到欧盟求学和工作，直至2007年回国加入中伦律师事务所继续开展国际贸易法领域业务，蒲凌尘律师已经在欧洲生活和工作了22个年头。这期间，他曾在欧盟委员会进修研习欧共体法，被比利时鲁汶大学法学院和安特卫普政法学院聘任为客座教授，并先后在全球知名的Oppenheimer Wolff & Donnelly律师事务所、荷比卢Loeff Claeys Verbeke律师事务所和英国Eversheds律师事务所任高级法律顾问和合伙人职务。

作为一名资深的国际贸易法领域人士，蒲凌尘律师非常注重对专业知识的积累和研究。为了撰写一部关于反倾销应诉的专业书籍，他耗时两年，在大量亲身代理的案件基础上，编写了40万字的《应诉欧共体反倾销律师业务》一书。该书由法律出版社出版，不仅成为业内律师的业务指南，也是众多高校教授国际法学的参考书籍。或许是源于曾经在对外经贸大学和欧洲任教的经历，蒲凌尘律师一直重视与高校的交流与合作，从2012年开始，先后被武汉大学WTO学院、中国政法大学、中国人民大学和对外经济贸易大学聘为讲座教授，并受邀于在国际法领域中最负盛名的瑞士伯尔尼大学授课。

蒲凌尘律师的理想之一是打造中国国际贸易法第一团队。回国后，他一直在为实现这个理想而努力着。作为国内大型律师事务所的中伦律师事务所，为他提供了这个平台。丰富高端的客户资源、踏实高效的工作态度、合理科学的团队搭配、卓越丰富的代理经验，蒲凌尘律师团队树立了良好口碑。在与国外顶尖律师事务所、中国及外国政府的合作与工作过程中，蒲凌尘律师的专业和敬业也受到广泛赞誉，并深深影响着团队中的每一个成员。

蒲凌尘律师曾经在国外学习、生活、工作、奋斗了22年，但一直为自己是一名中国人而深感骄傲和自豪。他自豪于我们国家的千年文化，骄傲于我们国家的国际地位的提高。他珍惜自己的人生选择，也热爱律师这个职业，以实践“言必有用、术必有典、名必有实、事必有功”的人生准则。

田凤常 北京市隆安律师事务所

田凤常律师本科就读于国际关系学院，1989年获美国哈佛大学法学院法学硕士学位。执业30多年，具有多年国内及跨国法务实践经验。长期以来担任北京仲裁委员会仲裁员，2001年担任全国律师协会网络高新技术专业委员会副主任，2007年任泛太平洋国际律师协会知识产权委员会副主席。曾任中华环保联合会法律专家委员会专家委员，亚洲足球联合会法律委员会委员。经验丰富，英文能力强，熟悉国内及国际法律事务，在法律实务中有大量成就。目前在北京市隆安律师事务所担任合伙人一职。

曾在北京对外经济律师事务所担任律师，办理大量涉外法律事务以及公司上市业务（四通H股、汾酒A股等）；诉讼/仲裁案件等事务。在美国 A & G 律师事务所、美国宝维斯律师事务所，从事大量涉外法律业务；在法国罗纳普朗克（中国）有限公司担任总法律顾问、美国微软（中国）有限公司IP事务总法律顾问以及北京共和律师事务所合伙人。

故事

田凤常律师于国际关系学院毕业后分配至北京对外经济律师事务所工作，这是全国第一家从事涉外业务的法律事务所，他也由此成为改革开放后第一代从事涉外事务的律师，几乎见证了中国律师业从起步到如今国际化程度越来越高的全过程。

做律师业务5年后，1988年，田凤常入哈佛大学法学院攻读法律硕士学位（LL.M）。毕业后，他在美国的律师所工作了两年，以获取在美执业的经验，工作两年后拒绝美国提供的绿卡，毅然回国。当时推荐他去哈佛，并为其申请到优厚奖学金的美国律师科恩教授（科恩是最早把美国律师事务所带到中国的美国法学专家，在推动中美律师业交流上堪称开拓者）欣慰之余，激动地给北京司法局写信称“田凤常律师是中国律师业界的雷锋”。田凤常律师回国执业30年来，一直秉持着报效祖国、服务人民的初心，先进事迹不胜枚举，仅撷取两件事与大家分享。

于亚足联发声——田凤常律师于2015年8月就任亚足联法律专家委员会委员，该委员会由8位委员组成，代表着47个亚洲国家和地区的足球协会，为亚足联在法律方面提供专业服务。自2013年以来，田律师是中国足协常年的法律顾问，他进入亚足联的时候，恰逢中国足球改革起步。有足协人士透露，多年前，中国足协曾因没有将亚足联英语文件吃透，而在相关赛事组织方面出现了多项筹备遗漏。田凤常律师担任亚足联法律专家委员会委员四年来，参加了亚足联的历次重要会议，以娴熟的英文和精湛的法律素养，在亚足联的各项法律规则的制定、形成、执行等方面，投出自己宝贵的一票，为中国人增光添彩。

在环保界行动——2019年3月26日，田凤常律师出任中华环保联合会新一届理事。此前，田律师多次赴河北省承德市作为中华环保联合会法律专家委员会成员调研白庙子村1559名村民与承德钢铁集团有限公司地下水污染纠纷案，实地勘查了污染源承钢尾矿库，并与白庙子村受污染村民代表、诉讼代理律师和部分患氟斑牙和氟骨病的村民进行座谈，走访了市委政法委副书记，市中级人民法院副院长、民一庭庭长、副庭长及主审法官，市环保局三位正副局长和承钢有关负责人，使白庙村1559名受污染村民人人都得到了应有的赔偿。

田文昌 京都律师事务所

田文昌律师，中华全国律协刑事业务委员会主任，西北政法大学刑事辩护高级研究院院长，中国政法大学、北京大学、清华大学、社科院法学所等多所高校兼职教授，以擅长办理各类典型疑难法律事务而著称，成功代理过大量案件，其中包括代理天津大邱庄被害人控告禹作敏案、辽宁沈阳刘涌黑社会犯罪案、云南省原省长李嘉廷受贿案，原福布斯第二富豪杨斌合同诈骗案、黄光裕非法经营案等在国内外具有重大影响的案件。2002年被美国刑事辩护律师协会授予“终身荣誉会员”证书，2013年被评为“CCTV 2013年度法治人物”。

田文昌律师素有“学者律师”之称，教学、科研、办案成果丰硕，曾发表学术论文、译文、专著、教材等数百万字。中央电视台《东方之子》《实话实说》《三百六十行》《面对面》《人物》等栏目先后对田文昌律师进行了多次专访报道。田文昌律师在担任中华全国律师协会刑事专业委员会主任期间，主持制定了我国第一部律师自律性规范——《律师办理刑事案件规范》；主持起草了我国第一部以律师协会名义起草出版的《刑事诉讼法修改律师建议稿》。作为参与中国刑事立法活动的律师，田文昌律师在立法工作中坚持律师立场，发表律师声音，推进立法与司法改革。 作为学术深厚、经验丰富的律师，田文昌律师多次作为中国人权代表团成员参加国际人权对话。

自述故事

改革开放40年来，对守护法治精神和律师职业道德，我从不曾言弃。从1980年在西北政法初识法律至今，39年光阴匆匆而逝。在这39年中，我不仅经历了个人的职业转型，心中法治的种子也随着国家法治建设进程的推进而不断萌芽生长。我希望社会能对律师的作用和地位有更深刻的认识。尤其是刑事辩护律师，给涉嫌经济犯罪被告人、涉嫌职务犯罪的落马高官提供辩护的刑辩律师，在无限风光之外，也面临着一个诘问：为什么要给“坏人”辩护。这一诘问的标志性案件，当数2002年的刘涌涉黑案，而我正是被告人刘涌的辩护律师。面对舆论的质疑，我的回答是：“不这样做，我就不是一名合格的律师。”律师的职责首先是维护委托人的合法利益。律师的辩护，是他维护委托人或被告人应该被维护的那部分合法权益，这是他的职责。一个无罪的人，通过律师的辩护，可以重获清白；一个罪轻的人，通过律师的辩护，可以免受重罪；而一个真正犯有重罪的人，经过律师的充分辩护之后，仍被处以重刑，也可以在程序正义中体现出法律的公正性。律师既不代表正义也不代表邪恶，律师既不是天使也不是魔鬼，而是通过参与司法活动的整体过程去实现并体现正义。作为一名律师，我希望能看到律师群体有一个高素质的职业形象展示在公众面前；作为一名普通公民，我更希望尽自己的微薄之力，为国家的法治进步做一些力所能及的事。

王俊峰 金杜律师事务所

中华全国律师协会会长，全国律师行业党委副书记，金杜律师事务所全球主任，法学博士。现兼任第十三届全国人大代表，全国人大宪法和法律委员会委员，中国法学会副会长，中国国际经济贸易仲裁委员会副主任，中国法律援助基金会副理事长，中国法学会律师法学研究会会长，中国仲裁法学研究会副会长，公安部法律顾问，司法部法律顾问，财政部法律顾问，国资委法律顾问，最高人民法院特约监督员，北京市委法律顾问，北京市人大常委会法制顾问。曾任第十一届、第十二届全国政协委员，第九届、第十届中华全国青年联合会常务委员会委员，全国青联留学人员联谊会副会长，中国证券监督管理委员会第六届股票发行审核委员会委员，第六届北京市律师协会副会长。

王俊峰毕业于中国吉林大学法学院，获得该院法学学士和法学硕士学位，并就读于美国加州大学伯克利分校，获得该校法学硕士和法学博士学位。他还曾多次作为访问学者在欧美等国家和地区研修和工作。

故事

1986年，王俊峰从吉林大学研究生毕业后进入中国国际贸易促进委员会（以下简称“贸促会”）法律部，自此，便与“国际”和“涉外法律服务”结下了不解之缘。他至今仍清晰地记得，刚到贸促会不久，就接手了新疆一家合资企业的案子。该企业引进了美国的设备，却在合作过程中发生了纠纷。这个纠纷直接导致经贸部出台了一个在当时很有名的有关规范外资企业股权比例标准的条例。这让王俊峰认识到法律服务对于双方投资人、对企业乃至国家的重大意义。

1993年，王俊峰创立了金杜律师事务所。在执业过程中多次与跨国公司和国际上的一些大型律师事务所接触，让王俊峰学习领会了外国同行在法律服务方面的专业水准和律所管理经验，形成了事务所发展思路。如今，金杜律师事务所已成为中国最具国际影响力的大型综合性律师事务所，不仅打破了国际法律服务领域曾经由外国律师垄断的局面，也成为中国律师走向世界的一面旗帜。

2001年9月当选第六届北京市律师协会副会长后，王俊峰开始关注北京律师乃至国内律师业的发展，并有了更多思考。特别是自2008年10月起，从当选第七届全国律协副会长，到第八、九届全国律协会长，王俊峰律师关心的已不再是一家所、一个团队，而是越来越关注如何才能推动律师在国家法治建设、经济社会发展过程中发挥更大作用，并在维护律师执业合法权益、提高刑事案件律师辩护率、完善符合律师行业特点的税收政策、扶持青年律师发展、加强涉外律师人才培养、推动中国律师“走出去”等方面作出诸多努力。

2008—2018年，王俊峰连任两届全国政协委员。作为全国政协委员，王俊峰在国内最早提出在我驻外使领馆设立法律参赞的建议。他认为，在全球化进程的推动下，参与国际竞争，赢得国际理解与认同，实现国际合作与发展，维护国际政治地位和军事安全，已成为我国在崛起与发展之路上的重大课题。通过在我驻外使领馆内设立法律参赞，有利于加强中国法治发展状况的对外宣传，向世界树立我国良好国际形象，有利于更好地保护华人华侨、中国公民和企业在外的合法权益，有利于推动国际司法合作，加强国际法律领域尤其是国际私法领域的沟通与互信。

2018年初，王俊峰律师当选第十三届全国人大代表与全国人大宪法和法律委员会委员。30多年的律师执业经历和丰富的社会阅历，让王俊峰深深体会到，一个律师的职业前景和一个国家、一个社会的法治化程度息息相关。律师的职责说到底是维护社会的公平和有序，只有在将公平正义视为核心价值的时代，在以依法治国作为基本方略的时代，这个职业才有可能发挥更大的社会功能，实现更大的职业价值。

王良钢 北京市盈科律师事务所

王良钢律师重要的社会兼职有中国卫生法学会理事、财政部PPP专家、中国政法大学联合导师。

王律师是我国恢复高考第一届（77 级）大学生，1982年毕业后在学校任教师、附属医院任医师，1984年被湖南省郴州地区司法局聘任为兼职律师工作者，1986年参加全国律师资格统一考试，得分为349.8分（满分400分），取得律师资格。现拥有教师资格、医师资格、律师资格。王律师先后在湖南、北京执业，经历了法律顾问处、国办所、合伙所，担任过兼职律师、专职律师、合伙人。从2000年到北京执业至今，系北京市律师协会八、九、十届律师代表，朝阳区律师协会一、二、三届律师代表，在市律协规章制度委员会、业务指导委员会、行业发展委员会、医药卫生法律专业委员会、PPP课题组、区律协民事法律研究会先后任职。

作为恢复律师制度后的第二拨从业人员，执业35年（取得资格后执业33年），亲历了中国律师制度恢复后的大部分过程。王律师是远华走私案庄铭田的辩护人，刘晓庆肖像权纠纷的民事代理人，望京308名业主诉北京市规划委员会的行政诉讼代理人，为北京冬奥会组委会、冬奥速滑馆（冰丝带）PPP 项目、中国医学科学院阜外医院提供服务。

自述故事

作为七七级大学生，1982年我被分配到学校担任教师的同时在附属医院当医师。某一年的暑假，邻居司法局局长来我家串门，说："小王，来我们法律顾问处做兼职律师吧。"我说："没学过。"未几，他给我送来一摞书，于是我开始了自学。1984年，我收到了司法局送来的"兼职律师工作者"聘书。

1986年首次全国律师资格统一考试，我以349.8分的成绩通过考试。从此，我摘掉了"工作者"的帽子，成了名副其实的兼职律师，也有了一个"王三师"的绰号。记得有一段时间我在自己名片背面印上了"教书育人、救死扶伤、扶正祛邪、养家糊口"的文字，算是对自己职业的概括。

当自觉法律专业知识不足时，我到中南大学学了两年知识产权，当本、兼职工作冲突不可调和，我决定辞职，于20世纪90年代来到北京做了一名专职律师，并到中国政法大学学习了2年民法学。非法律专业出身的律师，可能在法学知识的系统上存在缺陷，但其原专业的底色可能又恰是其特长所在，于是我成了一名专业的医事法律师。

在律师制度恢复之初，兼职律师占有相当比例，40年来，兼职律师渐次退出历史舞台，但有非法律专业底色的律师一定是中国律师队伍中长久和独特的存在。

王清友　北京市安理律师事务所

安理律师事务所创始合伙人、主任。第十一届北京市律师协会副会长，北京市委法律专家库成员，中国国际经济贸易仲裁委员会仲裁员，北京仲裁委员会、北京国际仲裁中心仲裁员，中国法学会律师法学研究会常务理事，中国政法大学北京校友会第四届常务副理事长。曾任第二届北京市朝阳区律师协会会长，第九、十届北京市律师协会理事，北京市朝阳区第十六届人民代表大会人大代表，北京市朝阳区人大常委会委员。还担任中国人民大学法学院、律师学院兼职教授，中国政法大学法学院、法律硕士学院兼职教授，对外经济贸易大学法学院校外导师。

执业20余年，王清友律师在业内一直受到国内外客户和媒体的信任和赞誉，其承办的客户包括大型国企、民企、跨国银行、国际知名企业等，其带领的律所、团队和个人多次被《亚洲法律杂志》（Asian Legal Business，ALB）、LawFirm50、LEGALBAND评为最佳律所、最佳团队、最佳法律专家。

自述故事

漫漫律师之路，执着地已经走了20余年，雨打芭蕉，夜不能寐之时，想一想，还是要继续走下去。

1990年，法大毕业，留在京城，手捧“金饭碗”，脸上有面，心中却有座没有攀爬至顶的高山。“想开拓出另一片天地”，我的律师之路正是从这种少年仗剑走天涯的质朴情愫开始的。1994年，律师初体验，第一次上庭，没人教没人带，上庭后背直冒汗。1998年，师从名师，开启正规军训练，从事房地产与建设工程。2001年，“不想做合伙人的律师不是好律师”，一咬牙，一跺脚，七君子搭伙创建了安理律师事务所。期间，既经历了初恋的甜蜜，也咀嚼了合伙波折之艰辛，带着那股子“轴”劲儿，信守并坚守。慢慢地，安理律师事务所做起来了，心里的那块石头总算落地，好在没有砸到自己的脚。

自己思量，不过小小之才，同仁抬爱，从朝阳律协会长到北京律协副会长，在职诚惶诚恐，唯愿多做实事，突破小我，融入大我，以至公无私之心，行光明正大之事，服务会员，服务行业。如今，少了几许年轻气盛的倔强，多了对行业的忧思与期盼，关注个体业务量少了，关注事务所建设、思考律师行业发展多了。未来，在执业中，更加注重传承和培养新一代的律界新秀，扶上马，送一程；在律所建设中，不断探索，凝聚向心力，齐心向未来；在行业发展中，履职尽心尽力，付出无欲无求。

俗话说，扬鞭自奋蹄，撸起袖子加油干，不负大好时光，不负同仁重托，不忘从业初心。20多岁正是一个人最好的年华，我的律师之路正青春！

徐家力 北京市隆安律师事务所

北京科技大学知产研究中心主任、博士生导师、一级律师，我国第一位知识产权博士后，国家知识产权战略专题评审专家，隆安律师事务所创始人。中国法学会网络信息法学研究会副会长，中国知识产权法学研究会常务理事，中国科技法学会常务理事，中国案例法研究会常务理事及知识产权专业委员会主任，中国法学会世界贸易组织法研究会常务理事，北京知识产权法研究会副会长。

先后毕业于北京大学、中国政法大学、美国纽约大学、中国社会科学院。曾任职最高人民检察院、贵州师范大学法学院院长、北京市社会科学院法学所所长、中国人民大学律师学院副院长、北京律师协会副会长；现为国家知识产权战略专题评审专家、商务部企业知识产权海外维权研究中心专家，贵州师范大学知识产权中心主任、中国政法大学电子证据法研究中心执行主任，北京大学、

中国人民大学、北京理工大学、北京航空航天大学、北京工商大学、美国杜肯大学法学院、上海交通大学凯原法学院等高校兼职教授或者法律硕士导师。

自述故事

有一首流行歌曲，歌名叫作《春天的故事》。1979年，那是一个春天，我考上了北京大学；1992年，又是一个春天，我从最高检察院辞职下来当律师，创办隆安律师事务所，尽管当时我在最高人民检察院已经官至处级，但律师制度改革春天的滚滚大潮还是吹动了我的心房，使我义无反顾地投入到律师队伍当中来。当时开办律师事务所需要几万元作为场地等开办费用，但对于我们当时每个月只挣几十块钱的检察官和法官来说，这是一笔巨款，只好求助于一家公司借款，这家公司研究了我们开办律师事务所的计划，面谈了我们从最高检和最高法准备出来的检察官和法官，同意借款5万元给我们，但有一个附加条件，我们开办的律所必须叫他们公司的名字，这个名字就是“隆安”。

我放弃检察官投身到律师行业，从来没有后悔过，我觉得我适合当律师，我赶上了好时代，见证了律师制度的改革开放，实现了自己的理想，也获得了主管机关及行业对我的肯定，给了我很多很高的荣誉，比如：“司法部个人二等功臣”“北京首届十佳律师”“全国优秀律师”“北京恢复律师制度三十年杰出律师”等。我作为一名老律师、一级律师、博士生导师，相信律师的春天还在继续，让我们共同期待着山花烂漫那一时刻的到来。

于宁 国浩律师事务所

1969年12月参加中国人民解放军，因在唐山大地震救灾前线表现出色，荣立个人三等功；1979年9月考入北京大学法律系，毕业后进入中央纪律检查委员会，曾担任处长职务；中华全国律师协会第六届、第七届会长；中国人民政治协商会议第十一届全国委员会委员、全国政协社会和法制委员会委员；最高人民法院聘请的特邀咨询员；1994年5月创办北京时代律师事务所；2012年4月起担任国浩律师事务所主任；因病医治无效，于2016年6月1日19时在北京逝世，享年62岁。

曾先后担任北京大学法学院兼职教授、法律研究生导师，清华大学法学院法律硕士研究生导师，中国人民大学律师学院兼职教授，华东政法大学律师学院特聘教授。担任中国证监会股票发行审核委员会委员、上市公司并购重组审核委员会咨询委员。

岳成 北京岳成律师事务所

岳成律师于1948年出生，国家一级律师。1980年起从事律师工作，1993年创办北京岳成律师事务所，执业近40年，办案逾千件。现在北京、上海、广州等国内多个城市，以及美国纽约开办了律师事务所。岳成律师受聘担任北京大学、清华大学、中国人民大学法律硕士研究生兼职导师，吉林大学、黑龙江大学、中国政法大学等多家院校兼职教授。

岳成律师的四个儿女均毕业于中国政法大学。2011年，岳成律师的长子岳运生作为中国“70后”行业杰出代表，登上了人民日报社《环球人物》杂志封面专题。如今，岳成律师事务所累计捐资800万元，在全国26所法学院设立奖教金、奖学金回报社会。1994年，岳成律师被评为黑龙江省十大优秀律师之一；1995年，被评为首届“全国十佳律师”；2009年，被评为“服务民营企业中国十大杰出律师”；2010年，被评为“北京市律师行业优秀律师党员”。

故事

作为改革开放后的第一批执业律师，岳成已经在律师这条道路上走过了将近40个春秋。也许很少有人知道，他竟是“先做律师后学法”。1980年，中国恢复律师制度的第二年，岳成被调入黑龙江省海伦县法律顾问处，只经过了两个月的速成培训班学习，他就被“赶鸭子上架”，当上了律师。刚刚踏入律师这一行业，岳成主要靠自学，每天一大早他就起来背法条。当时用的还是1979年颁布的《中华人民共和国刑法》和《中华人民共和国刑事诉讼法》，其中《中华人民共和国刑法》共192条、《中华人民共和国刑事诉讼法》共164条，他都能背下来。从业三年后，他以黑龙江省绥化地区第二名的成绩考上了吉林大学法律系的本科函授班，开始全面、系统地学习法律。

1996年，岳成的律师事务所在黑龙江省办得有声有色，但他并不满足于偏安一隅，心中更大的理想使他毅然决然地要把律师事务所开到北京去。不是在北京开分所，而是要把总所搬到北京去!机遇与挑战是并存的，在实现“76年进县城、86年进省城、96年进京城”的三级跳的同时，他也面临着巨大的挑战。

从做律师那天起，岳成就严格要求自己：业务要精，心术要正，品行要端，要有同情心、正义感。岳成律师事务所的所训要求律师要诚实、正直、富有同情心，要求大家认识到律师挣人家钱是“乘人之危”，所以一定要拍良心服务好。律师作为法律服务的提供者，绝对不可以像旧社会的棺材铺老板那样，为了发财而盼望顾客越多越好。

捐资助学，回报社会。截至2019年6月，岳成律师个人累计捐资800万元，以岳成律师事务所的名义在北京大学、清华大学、中国人民大学、中国政法大学等26所大学法学院设立了奖教金、奖学金，助力高等教育中法律人才的培养，鼓励、帮助广大师生更加积极有为，投身于法律事业，成为中国法治化进程中的栋梁之材。

40年的执业历程，40年的创业史、奋斗史、发展史，是岳成律师跟随中国法治进程共同发展的见证，是社会主义核心价值体系的生动诠释。在这样一位律师界的名家背后，或许还有更多值得我们细细品味的故事，其精髓就是岳成律师事务所的信念——胸怀感激、心存敬畏、竭诚服务、伸张正义！这16个字正是岳成及其律师事务所同仁们所恪守的职业道德，在他们看来，这就是信仰。

张起淮　北京市蓝鹏律师事务所

张起淮律师曾在空军服役多年，1990年，深深热爱法律的他如愿通过国家律师资格考试，成为一名执业律师，后又经过军队法律培养，成为中国首批军地兼通的“两栖律师”和唯一穿着军装的国际仲裁员。2001年成立北京市蓝鹏律师事务所并担任主任至今。

他铭记党、政府和军队的关心关爱，积极投身到全面依法治国的时代大潮中，努力用自己的专长，为党分忧、为国奉献、为民服务，书写了无愧于时代和军旅的出彩人生，所在党支部和个人连续十年被市区有关党组织评为先进。

故事

张起淮律师得益于在空军部队服役多年积淀的航空知识，以及在承办案件中汲取的宝贵经验，他对于航空相关的法律知识运用拥有超乎常人的理解与判断，成功代理了中国境内几乎所有的航空第一案、航空重大案件和事件，被誉为中国航空界首席大律师、中国航空案第一律师、中国航空法第一律师。

在承办飞行员入刑第一案时，他在与失事飞机相同机型的模拟机上，亲自体验机组当时的感受，确保了辩护效果。规劝并代理两名“红通人员”和一名“猎狐人员”回国投案自首，受到监察部等有关部门的肯定。

20年来，他将深耕细作的领域一直向刑法、民法、商法、婚姻法、知识产权法乃至国际私法等多个领域延伸，代理的知名案件数以百计。成功代理了国际泳坛健将孙杨仲裁案、甘肃嘉峪关机场少女被拒登机截肢索赔案、著名艺人王某离婚案、李某强奸案等影响面广的案件。

20年来，他既精心代理大案、要案、经典案件，也细心承办法律援助公益案件；既讲究辩护策略艺术，也认真建言法律断层和缺憾；既亲力亲为参加国内庭审仲裁调解，也先后数次登上剑桥大学发表法学论文；既担任10余家大学的法学教授，也担任多家调解中心的调解员、法学研究会的研究员，在平凡的岗位上，不断创造新辉煌，成为同行的榜样。

张学兵 北京市中伦律师事务所

现任北京市中伦律师事务所主任，中华全国律师协会副会长，中国国际经济贸易仲裁委员会仲裁员等。

1988年获中国政法大学法学硕士学位，1998年获美国杜克大学美国公司法与证券法法学硕士学位。1988—1993年，曾在司法部中国法律事务中心任专职律师，1993年发起并设立北京市中伦律师事务所并任主任至今。

自述故事

1982年参加高考时，我对律师并没有概念，但知道法官。那个时候对法官的认识是“能仗义执言，除暴安良，维护公平正义”，抱着这个想法，我来到了小月河畔的北京政法学院（现中国政法大学）开始了大学生活。本科学习期间，我对律师职业并没有很清晰的认识，但在攻读研究生期间，司法部中国法律事务中心任继圣主任、高宗泽副主任的两场讲座成为我人生最重要的转折点。

1988年从中国政法大学毕业之后，我来到了中国法律事务中心从事助理工作，当年8月份参加了第二届全国律师资格考试，1989年4月取得律师资格证书，1989年11月取得了律师执业证。4年间，我连续承办了“101”毛发再生精商标侵权案、“北极星”钟表专利侵权案，先后代理了包括中国银行在内的近百家企业和部门的商事诉讼与仲裁案件，维护了当事人的合法权益。1992年，我与几位同仁筹备并发起组建了北京市中伦律师事务所。20世纪90年代初，中伦律师事务所开始了第一单外销商品房法律服务，开启了律师服务于房地产商品房预售、服务于银行按揭贷款的模式的创新，从而拓展了律师的服务领域，为律师业务开辟了一片新天地。

随着专业领域的拓展，我们又完成了中伦律师事务所第一单资本市场业务，即石家庄劝业场股份有限公司上市项目，紧接着完成了沈阳中兴商厦的上市业务，同时完成了山东航空公司B股上市等项目。1997年9月，中伦律师事务所作为发行人律师的重钢股份也在香港交易所成功上市。

带着要出去看一看国外律师同行、国外律所到底是怎么工作的想法，1997年8月份我暂时将繁忙的工作放下来，去到美国杜克大学读书，并在美国伟凯律师事务所工作学习了一段时间，为未来中伦律师事务所的发展、视野提升、人才引进、国际化探索等进行积累。2009年4月，我当选为第八届北京市律师协会会长，此后连任了第九届会长。2011年12月，我当选为第八届中华全国律师协会副会长，此后连任了第九届副会长。我以行业一分子和行业管理者的双重身份，服务于律师业，见证了几代法律人为法治梦想的艰辛探索，亦愿意在时代赋予的新使命与新课题中不倦前行。

张峥　北京大成律师事务所

中共北京市委法律专家库成员，北京市律师行业党委委员、第十一届北京市律师协会副会长。中华全国律师协会仲裁与律师调解专业委员会副主任。北京市国资委市管企业外部董事人才库成员。北京市朝阳区政协委员。北京市法律援助基金会副理事长，北京市影视娱乐法学会副会长。北京市公益法律服务促进会监事长。

中国国际经济贸易仲裁委员会、中国海事仲裁委员会以及北京、上海、广州、天津、海南、青岛、厦门、扬州、哈尔滨、石家庄、杭州、桂林、长沙、淄博、西安、遵义、台州等近30家仲裁委员会仲裁员，中国仲裁法学研究会副会长，中国人民大学法学院，律师学院法律硕士研究生兼职导师，中国传媒大学法律硕士业界合作导师，中国政法大学仲裁研究院研究员，北京理工大学法学院，首都经济贸易大学法学院兼职教授、硕士研究生导师。

故事

张峥律师1990年7月毕业于北京经济学院经济法专业，获得法学学士学位并留校任教直至1999年6月。1995年9月，获得法学讲师职称；1997年7月国家设立教师资格制度后，首批获得高等学校教师资格。2001年7月获得硕士学位。自1997年起以兼职律师身份执业。张峥律师自1999年开始从事专职律师工作，主要从事公司法、合同法以及文化产业领域的法律服务。1999年末张峥律师代理了北京电影学院与北京亚寰影业公司关于电视剧《财神到》的演员聘用合同纠纷案件，由于案涉知名演员赵薇，从而使这一案件社会关注度很高，也成为他从事影视娱乐行业专业法律服务的开端。最近10年来，张峥律师又深耕于商事仲裁领域，由代理仲裁案件逐步转型为作为仲裁员裁判案件，定纷止争。他精通仲裁业务，在商事仲裁专业领域有着广泛、良好的声誉。张律师目前已担任中国国际经济贸易仲裁委员会、中国海事仲裁委员会、北京仲裁委员会等近30家仲裁机构的仲裁员，在全国十几家仲裁机构都有开庭审理、裁决案件的实践经验，已经累计审理了逾700余件商事仲裁案件，积累了丰富经验，堪称仲裁界的“劳模”。张峥律师曾在首都经济贸易大学从事法学教学工作近10年，他虽然离开校园专职从事律师工作已逾20年，但是仍保留了心系学生、心系青年律师的情怀，也从未远离讲台。除了做好律师、仲裁员的本职工作以外，张峥律师还会从日常繁忙工作中抽出时间向法学学生、青年律师、仲裁从业人员讲解仲裁知识、宣传仲裁制度。从20世纪90年代到今天，张峥律师见证了中国法治化进程的30年。作为比较早的一批法律人，他为社会法治化进程奉献了自己的青春，用自己的专业知识给当事人解决了一个又一个棘手的纠纷。担任仲裁员的律师，更需要做到公正无私、居中裁断、衡平利益、定纷止争，要真正扮演好这一角色，只有不断地学习、积累，全身心地投入，持之以恒地、义无反顾地付出努力与汗水。张峥律师正在践行着这一要求，在运用商事仲裁制度优势解决纠纷、化解矛盾的道路上砥砺前行。

赵曾海　北京嘉维律师事务所

赵曾海律师先后就读于中国政法大学、厦门大学、清华大学等学府，获法学、EMBA等学位。赵曾海律师是北京嘉维律师事务所管理委员会主任/合伙人、第十届/第十一届北京市律师协会副会长/党委委员、第一届北京市朝阳区律师协会会长/党委副书记、第十五届北京市朝阳区人民代表大会代表、政协第十一届/第十二届福建省委员会委员、中国政法大学法学院兼职教授、中国人民大学律师学院兼职教授、国家律师学院特聘教授、中华见义勇为基金会法律顾问、中央单位政府采购评审专家、国家市场监督管理总局（原国家工商行政管理总局）合同评审专家、北京市人大常委会立法咨询专家。

赵曾海律师曾被有关机构和媒体评为“全国律师行业创先争优先进个人”“中国十大律师名人”“北京市优秀律师事务所主任”“北京市律师行业优秀律师党员”“年度最佳管理合伙人”“北京市朝阳区青年榜样——十佳青年政法工作者”“北京市朝阳区优秀中国特色社会主义事业建设者”，并享有“首都劳动奖章”“北京市朝阳区突出贡献人才提名奖”等荣誉。赵曾海律师积极参与各类社会公益事业，在社会上有较好的影响，曾荣获“社会公益法律服务先进个人”、律师与见义勇为英雄手拉手“公益之星”等荣誉称号。

故事

赵曾海律师踏入律师行业20多年来，从律师助理到律所主任再到律协会长，改变的是工作场景，不变的是法治初心。作为律师，他擅长金融证券、争议解决、刑民交叉、法律风险控制、公司治理等领域，善于运用刑民交叉理论，为客户解决复杂法律问题；已编写《砍掉风险》《禁区》《奔向创业板》《股东的权利》《企业产权交易法律实务》等著作。作为律师事务所主任，他同样有着耀眼的成绩。自2003年开办自己的律师事务所以来，他已从事律所管理工作16年。在他领航下的几家律师事务所，都取得了一连串嘉奖，成为业界典范。更重要的是，他乐于为整个律师行业贡献力量。无论是在朝阳区律师协会，还是在北京市律师协会，其工作热情和能力都有口皆碑。在他领导下，新成立的朝阳区律师协会迅速走上正轨，他负责的市律协的几个委员会屡获领导肯定。为开创适应时代要求的律所管理新模式，他于2018年重组了嘉维泰银律师事务所，让合伙人更多地发挥掌舵手定方向的作用，扭转传统律所中合伙人各自带团、管理松散的局面。嘉维泰银秉持“为客户提供优质高效的法律服务，为合伙人实现卓越稳健的价值回报，为员工打造温馨进取的发展平台”的核心价值，以帮助客户“管理风险、促进交易、解决争议”为己任，践行“促进法律正确实施，维护客户合法权益”使命。目前已将可提供专业法律服务的领域扩充至法律风险与合规、资本市场与证券、争议解决与诉讼、刑事辩护与代理等21大领域。律所人才济济，各业务团队能够满足客户不同层面需求，至今已为40多个行业的数千家国内外企业提供了优质、高效的法律服务。赵曾海律师表示，作为承上启下的一代法律人，自己有责任为法治事业作出更多贡献，有义务为社会各界提供更多能量。嘉维泰银这个新生的平台，承载着他和律所同仁的法治梦想；他们以崭新的管理模式、不变的服务热情、精湛的法律技艺和永恒的正义理念，为心中的法治中国梦持续奋进。

第八部分

勇于奉献　热心公益

朝阳律师公益

律师作为法治社会建设中的重要组成部分，在为当事人提供法律服务的同时，也肩负着帮助弱势群体，向公众传播法治精神的责任和使命。一直以来，朝阳律师以公益之心，积极履行社会责任，开展了大量多种形式的公益法律活动，众多朝阳律师踊跃参与其中，他们用值班、调解、普法宣传、村居法律顾问等形式切实服务民众，赢得了社会各界人士的认可和称赞，进一步树立了朝阳律师良好的社会形象。

导言

朝阳区律师协会公益委员会致力于朝阳律师品牌建设。用公益之心执行服务国家战略、首都发展、法治建设；用值班、调解、普法宣传、村居法律顾问等形式帮助弱势群体，切实服务群众。

关爱他人　给绝望者以希望　给贫弱者以力量
温暖世界　聚是一把火，散是满天星
成己达人　公益是品质的修行、修为、修炼

设立律师公益法律服务中心

2016年6月22日，朝阳律师进驻朝阳区人民法院立案庭，与朝阳区人民法院共同设立律师公益法律服务中心，解答群众法律问题。这项举措开创了律师直接同法院协作的先河，开辟了朝阳律师和法院共同深化司法体制改革，共同实现司法公平正义，共同推进国家治理体系和治理能力现代化的崭新道路。

目前朝阳区律师协会公益委员会共计安排65名优秀律师，分为5组，各组专人负责安排每日两名律师值班，每日接待咨询高达60人以上，同时向咨询人发放法律文书模板，便于咨询人起草立案材料。值班工作至今保持群众“零投诉”。值班制度得到最高人民法院、北京市高级人民法院和北京市朝阳区人民法院的充分肯定，中央电视台等多家媒体进行了报道。

朝阳律师法律援助事迹

朝阳律师十多年来积极参加法律援助。据不完全统计，每年200余家律师事务所上千名律师参加法律援助工作。

●朝阳律师为外籍被援助人员耐心咨询

●朝阳律师帮扶援助第二监狱外籍服刑人员

●受援助人通过朝阳律师的法律援助，最终得到满意赔偿

●受援助人对朝阳律师维护正义的公益情怀表示感谢

●终于等到了满意的诉讼结果，受援助人向朝阳律师送来锦旗，表达谢意

大爱无疆
——记朝阳律师支援边疆行

“援藏律师服务团”“1+1”中国法律援助志愿者行动和派遣律师支援西部无律师县项目，都是中国司法部为统筹全国优质法律服务资源，推出的重要公益法律服务活动，是为边疆民众提供法律服务的重要举措。

参与 2019 年度“援藏律师服务团”的有胡尊峰、黄志雄、刘然、阮巍、凌霄、李奉青 6 位朝阳律师。

●朱爽律师“援藏”记录

朝阳律师进驻朝阳区人民法院开展特邀调解工作

2016 年 10 月初，朝阳区人民法院、朝阳区司法局、朝阳区律师协会联合开展了具有司法改革实践创新意义的工作，即律师作为法院特邀调解员进驻法院进行调解工作。该项工作拉开了全国范围内首次司法局、法院和律协联动，大批量志愿律师参与法院诉前特邀调解的序幕。

2016 年 12 月，127 名律师特邀调解员进驻朝阳区人民法院开展特邀调解。截至 2019 年 5 月底，律师调解员调解案件 15900 多件，调解成功 4100 多件，涉案标的额约 60 亿元。当事人送来锦旗 30 多面，感谢信 3 封。

●朝阳律师作为特邀调解员进驻朝阳区人民法院进行调解工作

特邀调解员蒋朝辉律师

特邀调解员王东律师

特邀调解员延林律师

特邀调解员贺勤超律师

特邀调解员杜云峰律师

特邀调解员隋思金律师

特邀调解员杨威律师

朝阳律师送温暖

●朝阳律师前往朝阳区和平街道樱花园社区、朝阳区和平东街社区，为社区群众做公益法律咨询

●朝阳区律师协会与朝阳区教委联合举办食品安全培训会，朝阳律师为全区幼儿园、中小学校长和老师进行食品安全专题培训

军民鱼水情　法律公益行

2018 年 7 月 27 日下午，朝阳区刘胜元律师来到武警北京市总队某部以《揭开非法集资犯罪的面纱》为题向全队官兵送上生动的法律课，同时致以节日的祝福。

几度夕阳红　朝阳公益美

● 2017 年 5 月 27 日，北京市司法行政开放日期间，中国共产党党员、朝阳律师吴忠武正在为朝阳区安贞街道社区居民讲解老年人维权方面的法律知识

● 2016 年 7 月 27 日上午，朝阳律师何永萍走进朝阳区朝外街道吉庆里社区，为社区居民开展大型心理健康讲座

● 2019 年 8 月 15 日，朝阳律师商博应邀参加朝阳区八里庄街道远洋天地家园社区扫黑除恶及老年人预防诈骗专题讲座

法律公益行
——记朝阳律师走进社区普法活动

● 2018 年 10 月 18 日，朝阳律师王兵在朝阳区东湖街道上京家园小区进行了业委会规范运作知识培训

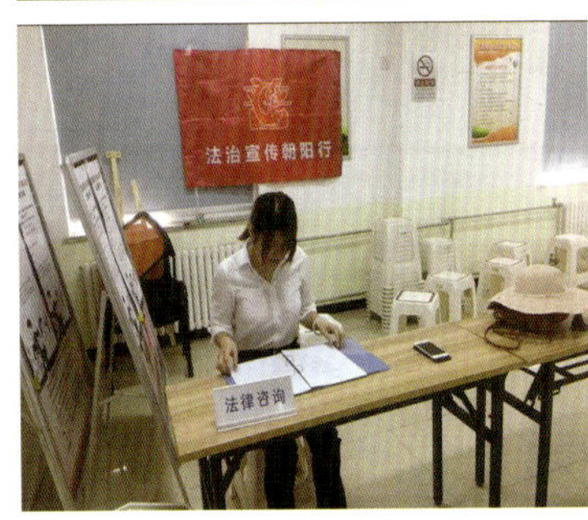

● 2019 年 7 月 24 日，朝阳律师董丹丹到曙光里社区开展公益普法活动

● 2018 年 10 月 13 日，朝阳律师刘玉庚为朝阳区小武基村委会举办“律师进社区 调解零距离”法律知识讲座

马兰
——朝阳律师公益大使

●马兰律师

●司法局、律师协会领导看望马兰律师

公益之星·律师楷模
——记王毅伟律师的公益之路

●王毅伟律师在未成年保护的公益之路上默默地无私奉献，温暖了幼小的心灵，托起了家庭的希望

●20多年来，王毅伟律师坚持对在校的中学生进行普法教育

●王毅伟律师代表全国律协开展的“中国未成年人法律援助与保护专项基金”项目的捐赠方，向云南省未成年犯管教所进行捐赠

朝律

朝陽律師

CHAOYANG LAWYERS

追梦筑梦　奋进 40 年

朝阳律师回顾律师制度恢复 40 年展

第九部分

回首过去　展望未来

朝阳律师展望明天

今年是新中国成立 70 周年，也是我国律师制度恢复重建 40 周年。40 年来，朝阳律师锐意创新、追求卓越，主动融入改革开放大潮，全面服务经济社会发展、社会稳定和民生公益，积极参政议政、参与立法，为法治中国、首善之区建设作出了重要贡献。时光无声，初心不改。新时代的朝阳律师将以党建为引领，沿着“规模化、专业化、信息化、国际化”的事业发展道路，凝心聚力、奋勇向前。

导言

展望未来板块分为七部分内容：“朝阳下成长——朝阳青年律师发展论坛”，助力青年律师健康成长；新律师授袍仪式，强化职业荣誉感；中央电视台法律讲堂主讲人选拔，为社会大众提供生动的法律服务；涉外法律人才培养，提升律师从事涉外法律服务水平；律师协会工作硕果累累；朝阳区律师业五年发展规划，指导行业科学发展；“朝阳律师”品牌创建与实施，达到“法治先锋、行业典范、中国形象”的目标。

朝阳青年律师发展论坛

为搭建多元化平台，引导青年律师拓宽视野，朝阳区律师协会从 2015 年起，每年举办一期“朝阳下成长”——朝阳青年律师发展论坛，目前已经连续举办了五期。该论坛邀请最高人民法院、北京市司法局、北京市律师协会、北京外国语大学、中央电视台等，助力青年律师成长，引导青年律师在职业方向、执业风险、专业化和市场开发等领域健康成长，也是朝阳区律师协会为加强法治建设、提高法律共同体影响力而打造的青年律师成长引领平台，已成为朝阳区青年律师学习、成长和交流的盛会。

五届论坛参加人员逾千名，不仅有北京市朝阳区的青年律师，也有外区的青年律师，还有北京市以外的律师朋友，而且老律师也欣然前往，因此，真正的名字是朝（zhāo）阳下成长，而不仅局限于朝阳区。

2015年5月5日，首届朝阳青年律师发展论坛的举行，标志着朝阳区律师协会“青年律师成长计划”由此拉开了序幕。论坛上半场邀请了资深学者——《民主与法制》社总编刘桂明老师演讲《青年律师的使命和前景》，最高人民法院青联主席罗东川演讲《法律职业共同体》，下半场对话大律师中就“青年律师执业风险与权益保护”“青年律师的专业化道路”“市场开发与客户维系”为主题进行了深入讨论。论坛特别设置了微信公众平台，现场观众及场外人士通过平台进行实时互动，吸引了200多位青年律师参加。

2016年5月20日，第二届朝阳青年律师发展论坛举行，论坛邀请了四位主讲嘉宾分别从四个不同的方面发表主题演讲。原资深高级法官王远捷先生讲述了《从法官职业经历谈青年律师的发展》；北京市律师协会会长高子程提出了《当代青年律师业务发展的几点建议》；张万臣律师告诉了《青年律师如何打好执业基础》；最高人民法院司法改革领导小组办公室规划处处长、高级法官何帆分享了《司法体制改革对青年律师的机遇与挑战》，180名律师报名参加了本次论坛。

2017年5月18日，第三届朝阳青年律师发展论坛举行，论坛邀请了各领域青年才俊和资深律师陆续登台演讲，有法官、检察官、朝阳律师、杭州律师、律所非律师合伙人。《法律讲堂》栏目资深主讲人姜志强律师以7年变身为刑辩专业律师之路告诉青年律师，只要在每一个案件中做到专业就有无尽的机会；朝阳检察院检察官王天毅从其视角讲述了对职业共同体的感触；杭州律师协会团委书记张巍竞律师、浙江腾智律所团支部书记麻策律师分别就杭州律师与朝阳律师的青春情结，以及开设专注于互联网法的专业律所发表演讲；律协副会长熊智讲述了关于资深合伙人和青年律师的快乐互补；家理律所姜鹏飞分享了关于互联网时代下的青年律师如何营销；朝阳区人民法院法官何宝明讲述了什么是青年法官眼中的一流公诉与辩护；朝阳区律师协会团委书记兼青联主席廖鸿程就创新时代下的未来合伙人做了阐述。200名律师参加了本次论坛。

2018 年 5 月 4 日，第四届朝阳青年律师发展论坛隆重举行，北京外国语大学法学院学术委员会主席万猛围绕“一带一路”倡议下青年律师如何成长与发展这一主题进行了分享，青年律师要走出去开阔眼界，将律师与市场相结合，这样才能成为合格的律师；联合能源集团副总经理张伟华也以“全球化背景下的中国涉外法律人才”为主题讲述了青年律师在当前激烈的竞争环境下，如何提高自身水平，抓住机遇，做好涉外法律服务业务。

2019年5月12日，第五届朝阳青年律师发展论坛举行。论坛邀请了众多资深律师、优秀青年律师参加，并邀请杭州市律师协会、保定市律师协会派出代表团作为论坛的嘉宾。全国律师行业党委委员、中华全国律师协会秘书长韩秀桃出席并发表了《什么是你的贡献，朝阳律师？》的主题讲话，对朝阳律师提出了“应该对标世界一流律所，对标全球高端法律服务产业，对标最专业的具有国际话语权的律师”的高要求。北京朝阳、杭州、保定的优秀青年律师组成两支辩论队，以“青年律师成长中，是师傅更重要还是平台更重要”为题，展开了精彩的辩论，各位辩手口吐莲花、不分伯仲。最后，资深律师为在场200多名新执业律师授予律师袍，并带领所有新执业律师完成宣誓。

授袍仪式

举办新律师授袍仪式，强化职业荣誉感

2015 年，为提升朝阳区律师的整体形象，提高律师行业社会形象，打造一支专业、规范、高素质的律师队伍，朝阳区律师协会研究决定启动朝阳新律师授袍仪式。这不仅是树立朝阳律师形象、打造朝阳律师品牌的一个重要手段，更是提高律师队伍凝聚力和吸引力的有效途径，同时也能够从侧面加强全区律师的自豪感，体现协会对新律师成长的关心和爱护。

自 2015 年至今，朝阳区律师协会共举办新律师授袍仪式共计 7 次，共有千余名新律师参加授袍仪式。

★朝阳新律师授袍仪式

2016 年 5 月 6 日

朝阳区律师协会举办第一次新律师授袍仪式——光荣与使命，老律师向新律师授予律师袍及徽章，让新律师在仪式中体会律师的责任与使命，将朝阳律师的精神发扬光大。

2016 年 10 月 29 日

2016 年 10 月 29 日，在第二届朝阳律师论坛召开前一天，朝阳区律师协会举办了以“传承，协作，关怀”为主题的 2016 年第二次新律师授袍仪式，欢迎新律师加入律师队伍，百余名刚取得律师执业资格的朝阳青年律师参加了此次活动，不仅提高律师队伍凝聚力和向心力，同时加强了全区律师的自豪感，体现了协会对新律师成长的关心和爱护，提升了青年律师的使命感和责任感，传承了朝阳律师精神文化，对社会主义法治事业建设具有深刻意义。

2017年5月5日

朝阳区律师协会举办第三次新律师授袍仪式——传承与力量，是朝阳区律师协会重视青年律师培养，提高朝阳律师队伍凝聚力和向心力，树立朝阳律师品牌的重要举措。

2017年10月30日

朝阳区律师协会迎来第四次新律师授袍仪式——传承与信念，授袍嘉宾都是将下一代也培养成为优秀律师的老律师，他们教导新律师继承律师行业的优良传统，做业务精专、目标明确、立场坚定的法律人，做中国特色社会主义法治建设的推动者。

2018年5月4日

在庄严的中华人民共和国国歌声中，第五次新律师授袍仪式开始，王远捷局长寄语青年律师："入门靠智商，成功靠情商；要甘于平凡，才可能不平凡；要抬头看路，低头做事。"并引用南怀瑾老师"年轻人到社会上立足第一步走错了，会关系到一生的成败"，来提醒年轻律师走好入门第一步。

2019年5月12日

朝阳区律师协会第六次新律师授袍仪式，增强新律师执业的尊荣感和仪式感，彰显着律师捍卫法律尊严的神圣职责，弘扬了律师崇尚法治的善法精神，倡导了律师追求公平正义的职责价值。

2019年10月12日

朝阳区律师协会第七次新律师授袍仪式，老律师们伴随中国法治走过40年，虽艰辛但感受着快乐，律师事业的前景是光明的。授袍仪式代表着律师行业的传承和专业精神的传递，在前辈耕耘铺路架桥的基础上，青年律师们一定会走得更好、更远，青年律师应"不忘初心、牢记使命"，做有理想、有信念、专业强、有担当的好律师，用实际行动诠释朝阳律师"法治先锋、行业典范、中国形象"的内涵。

★朝阳律师父给子授袍

朝阳律师第四次授袍仪式上，李大进律师与新成为执业律师的儿子偶遇，这样的传承迎来了在场300名新律师的掌声，也让李大进律师看到了中国律师业绵绵久远的未来，中国的律师梦后继有人。

★朝阳律师和保定律师联合授袍

2019年5月12日，在朝阳区律师协会第六次授袍仪式上，来自朝阳区和保定市的新执业律师代表参加授袍仪式，河北省保定市律师协会会长刘海军律师为新律师授袍、佩戴徽章。

法律讲堂

央视法律讲堂主讲人选拔

朝阳区律师协会在 2016 年首次以公开报名，公开竞赛的方式为央视法律讲堂输送了优秀的主讲人。经过了初赛、复赛，从近百名参赛选手中最终选拔出 6 名参赛者在第三届朝阳青年律师发展论坛上进行了决赛。最后经央视决定，当选为主讲人的有朱燕律师、赵三平律师、吴敬律师、何树利律师、马宏瑞律师等。

《法律讲堂》造就了明星律师，朝阳区律师协会希望朝阳青年律师们得以有更大的平台绽放自己。

新晋央视法律讲堂主讲人出镜风采

一带一路

涉外法律人才培养基地

2018 年 3—5 月，为了积极响应国家关于发展涉外法律服务业的号召，进一步落实《关于发展涉外法律服务业的意见》中创新涉外法律人才培养机制和教育方法的要求，努力将北京市朝阳区涉外法律服务业提高到一个更高的水准，为发展涉外法律服务业储备人才，朝阳区律师协会联合北京外国语大学，共同推出“ 涉外法律人才培养基地”项目，倾力打造首届“涉外法律服务专项人才研修班”。

北京外国语大学有 90 多个语种专业，是研究“一带一路”倡议语种覆盖最全面的学校；朝阳区律师协会是中国最具涉外特点的律师协会，北京乃至全国的涉外业务大部分都集中在朝阳区律师协会。“一带一路”涉外法律服务培训班是一个强强联合的项目，希望借此契机向广大青年律师提供最前沿和最国际化的知识，拓展青年律师的执业领域，提升青年律师的国际视野。

首届涉外法律服务专项人才研修班结业仪式

本次研修班邀请业界知名学者和实务专家，以外资企业或中、外资律师事务所的涉外法律实践为导向，以涉外法律实务难度为进阶标准，采取浸润式英语教学、全实务对接等方式，快速提升律师从事涉外法律服务水平。

2018 年 5 月 4 日，朝阳区律师协会、北京外国语大学共同举办的首届“涉外法律服务专项人才研修班”举行了结业仪式。

成果展示

朝阳区律师协会撰写的书籍及刊物

《律师之师》
《500 个不满意》
《大道恢弘》
《聚焦刑辩》
《阳光工作室手册》
《朝阳妇女儿童维权 100 问》
《律所如何培训》
《向不满意说不》
《律师本色》
《聚焦司法鉴定》
《爱心工作室案例集》
《朝阳公益律师在行动》

《律师之师》

朝阳区律师协会成立之初，就在功能性、实务性培训以外，立足于博雅教育，即关于法学方法、法学素养方面的通识教育，进行了一些“无用之用”的培训讲座，不追求学以致用，而追求学以致知、学以致省，并组织编写了《律师之师：律师素质与思维十讲》。正所谓“汝果欲学诗，功夫在诗外”。

《律所如何培训》

朝阳区律师协会在成立之后开始探索如何应对律师行业需求，开展多层次、体系化、常态化的律师培训工作。为使培训效果持久而又深入，作出了坚持不懈的努力，潜移默化，润物于无声之处，并组织编写了《律所如何培训》。

《500 个不满意》和《向不满意说不》

第二届朝阳区律师协会纪处委（后更名为惩戒委）在组建伊始，对第一届朝阳区律师协会 3 年期间接待受理的 537 件投诉案件进行汇总梳理，通过对 537 起投诉的原因进行大数据分析，深入剖析了投诉的成因、类型，并有针对性地提出了规范法律服务、规避投诉风险的对策，组织编写了《500 个不满意》。该书是国内律师行业首创，也是迄今为止独创的惩戒工具书，在行业内颇具影响，对广大律师事务所、律师依法依规执业具有重要指引作用。

《向不满意说不》是第二届朝阳区律师协会惩戒委在 2018 年组织编纂的，通过 4 年来的惩戒工作，朝阳区律师协会惩戒委严格按照规则处理投诉案件，对部分恶意投诉、不符合受理条件的投诉案件，勇于说“不”，从另一个维度维护了行业的利益。第二届朝阳区律师协会惩戒委每年都对《审查报告》进行评优评奖，累计获奖报告 26 篇，大部分是驳回投诉的案件。惩戒委将这些优秀审查报告汇集成册，王远捷局长亲自将该册命名为《向不满意说不》，成为《500 个不满意》的姊妹篇。本书为朝阳区律师协会首创，现在成为广大律所、律师准确理解执纪规则和惩戒委委员办案的工具书，受到广泛好评。

北京市朝阳区律师业发展五年规划（2018—2023 年）

朝阳区律师协会是目前全国律师行业唯一编制行业发展规划的协会。

朝阳区律师协会作为全国最大的基层律师协会，管理、服务着业内最为庞大、人数最为众多的律师群体。如何规划律师行业发展方向，提升律师行业管理水平，促进律师行业健康发展，成为朝阳区律师行业重点关注的问题。为此，北京市朝阳区律师协会委托中国政法大学律师学研究中心专家团队，结合党和政府对律师行业的要求及朝阳区律师行业发展实际，在充分的调查研究基础上，制定了《北京市朝阳区律师业发展规划（2018—2023年）》。

《北京市朝阳区律师业发展规划（2018—2023年）》是2018—2023年朝阳区律师行业发展的纲领性、战略性规划，是朝阳区律师协会编制、实施律师行业发展专项工作、年度计划，以及制定规章、规则和实施细则的重要依据。

《北京市朝阳区律师业发展五年规划（2018—2023年）》系统总结了朝阳区律师行业发展成就和经验，凝练了朝阳律师价值观；明确了朝阳区律师行业所面临的问题与挑战；谋划了新时代背景下朝阳区律师行业发展新思路、新布局；进一步加强了朝阳区律师行业党建；继续巩固、提高朝阳区律师行业的服务和管理水平；深入推进了朝阳律师品牌建设，继续扩大了朝阳律师在国内外的行业影响力。

2017—2018年，《北京市朝阳区律师业发展规划（2018—2023年）》课题组召开5次座谈会

由朝阳区律师协会牵头的《北京市朝阳区律师业发展规划（2018—2023 年）》课题组共召开 5 次座谈会，围绕律师党建、朝阳律师业特色及业务发展、律师事务所管理、中小型律师事务所发展、青年律师培养、朝阳区律师协会秘书处改革等具体问题，对规划进行了深入分析与探讨，进一步增强了行业规划的科学性、预测性和可行性，使得规划更加具有实用性和耐用性。

“朝阳律师”品牌的创建与实施

“朝阳律师”品牌的内涵体现在：政治属性；时代特点；地区特色；专业特性。

“朝阳律师”品牌的工作原则是：坚持党的绝对领导；坚持法治的理念，依法治国；坚持正面形象塑造；坚持先进集群建设。

“朝阳律师”品牌的工作目标：“法治先锋、行业典范、中国形象”。

“朝阳律师”品牌的实施步骤及工作内容分为三个阶段：

第一阶段是品牌培育阶段，时间为 2018 年 6—2019 年 3 月，主要是加强形象认同；

第二阶段是提质增速阶段，时间为 2019 年 1—12 月，主要是要突出工作成效，搭建工作平台；

第三阶段是推广固化阶段，时间为 2019 年 7—12 月。

结束语

40 年的风雨征程
一路披荆斩棘的跋涉
一曲开拓进取的颂歌
回望昨天
奋发图强的铿锵　历经霜雪的坚定
无数骄人的成绩　铸就朝阳律师历史的辉煌
展望明天
历史的车轮滚滚向前　新时代的号角已经奏响
行业发展的目标更高更强
坚实的足迹踏出新的希望
朝阳律师
继往开来　放飞梦想　扬帆起航　再接再厉
谱写朝阳律师行业发展的全新篇章